Jens Heisterkamp
Was ist Anthroposophie?

W0392834

JENS HEISTERKAMP

Was ist Anthroposophie?

Einladung zur Entdeckung des Menschen

VERLAG AM GOETHEANUM

Einbandgestaltung von Gabriela de Carvalho
unter Verwendung eines Photos (Rudolf Steiner am Rednerpult
in der Schreinerei beim ersten Goetheanum, dem Vortragsraum
während der Bauzeit) und der Abbildung einer
Wandtafelzeichnung von Rudolf Steiner (Vortrag am 10.5.1924
über den Sephirotbaum; siehe GA 353 bzw.
Wandtafelzeichnungen zum Vortragswerk Bd. XXVIII).

© Copyright 2000 by Verlag am Goetheanum, CH-4143 Dornach
Alle Rechte vorbehalten

Kontakt mit dem Autor via Internet:
www.jens-heisterkamp.de

Satz: Heiko Hanekop
Druck und Bindung: Freiburger Graphische Betriebe

ISBN 3-7235-1089-2

Inhalt

Einleitung

Viele Wege führen zum Geistigen. Diese Einführung handelt von einem, der die Kraft des Denkens anspricht und an die Schwelle des Übersinnlichen führt. Dieser Weg führt zugleich zu uns selbst, zu dem, was als Entwicklungschance in jedem von uns liegt. Eine Entdeckungsreise ins Innere soll unternommen werden, eine Expedition zum Menschen. Muß denn aber der Mensch erst entdeckt werden? Wir meinen: ja, denn das, was der Mensch seinem Wesen und seiner Berufung nach ist, liegt heute fast immer zunächst verschüttet, sei es unter dem Ballast der persönlich-biographischen Bürden, unter den verschiedenen herrschenden Ideologien oder dem Druck unserer auf wirtschaftlichen Erfolg orientierten Zivilisation.

Auf dem Weg zum Menschen will die Anthroposophie Rudolf Steiners eine Hilfe sein. Von deren praktischen Früchten ist seit ihrem nun schon fast ein Jahrhundert währenden Bestehen bereits manches in der Öffentlichkeit vertraut geworden – die Waldorfschulen und die anthroposophische Medizin insbesondere. Die inhaltliche Wurzel dieser Philosophie ist jedoch weit weniger bekannt. Dies mag unter anderem damit zusammenhängen, daß sich die Grundzüge der auf Steiner zurückgehenden «Geisteswissenschaft» gar nicht so leicht in kompakter Form darstellen lassen. Auch Steiner selbst hat kein eigentlich einführendes Werk hinterlassen, das dem neu Interessierten wie selbstverständlich zum Einstieg empfohlen werden könnte. Die unmittelbare Anknüpfung an sein Werk fällt wegen des wachsenden zeitlichen Abstandes vielen immer schwerer.

Wer zu einer seiner Schriften greift, hat es heute schon durch den inzwischen stark veränderten sprachlichen und auch gedanklichen Duktus schwer, einen Zugang zu finden. Der Stil ist fremd oder wirkt zumindest historisch weit entfernt von unserer Zeit.

In der Tat haben sich die Zeiten seit Steiner nicht nur hinsichtlich des ungeheuer gewachsenen Wissensstandes, sondern vor allem auch hinsichtlich der Grundvoraussetzungen gewaltig verändert. Die Begründung der Anthroposophie erfolgte im Ausgang des vorletzten Jahrhunderts zu einer Zeit, als die Kulturwelt verglichen mit der heutigen noch einen relativ einheitlichen Charakter zeigte. Der Siegeszug der materialistischen Naturwissenschaft stand kurz vor dem Höhepunkt. Die Erklärung aller Phänomene durch allein materielle Ursachen wurde als großer Fortschritt empfunden. In der Philosophie dominierte der Skeptizismus. Die Suche nach Geistigem fand allenfalls noch am Rande der Religionen statt, die sich im übrigen selbst immer mehr am Vorgehen der Naturwissenschaften orientierten. In der Wissenschaft war Spiritualität ein Tabuthema. Rudolf Steiner stand mit seinem Versuch, in der Öffentlichkeit über die Phänomene des Geistigen zu reden, im Wesentlichen allein da.

Davon kann heute keine Rede mehr sein. Von den 60er und 70er Jahren des 20. Jahrhunderts an wird das kulturelle und soziale Leben immer stärker von Einflüssen esoterischer Art infiltriert. Das Thema «Bewußtseinswandel» ist seit den Zeiten der Alternativbewegung in aller Munde. Binnen weniger Jahre ist Spiritualität zu einem Thema geworden, über das man nun nicht nur öffentlich ohne «Ansehensverlust» diskutieren kann, sondern das vor allem auch starke Veränderungen im Leben der Einzelnen und ganzer gesellschaftlicher Bereiche hervorzurufen beginnt. Ende der 60er Jahre begannen sich im Zuge der Raumfahrt jene überwältigenden Bilder in der Öffentlichkeit zu verbreiten, die zum ersten Mal die Erde als ganze aus dem Weltall sichtbar machten. Astronauten sahen von ihren Raumkapseln aus den blauen Planeten und zeigten sich von dem grandiosen Anblick organisch ineinandergreifender Land-, Wasser- und Luftmassen tief beeindruckt. Bald darauf begann auf der Erde ein Bewußtsein davon aufzudämmern, daß unser Heimatplanet mehr als ein toter astronomischer Körper, nämlich ein belebtes Wesen sein könne. Die Auffassung von der Erde als einheitlichem Wesen begann Fuß zu fassen. In der pluralistisch formierten Öffentlichkeit unserer Tage sind seither spirituelle Ideen längst keine Ausnahme mehr. Wenn hier dennoch auf die nun schon rund hundert Jahre «alte» Anthroposophie aufmerksam gemacht wird, dann nicht etwa, um ihre Leistungen als eine der ersten spirituellen Richtungen in Europa in den Vordergrund zu stellen. Auch wenn es um Aufsehen erregende esoterische Inhalte und attraktive Praktiken geht, haben andere spirituelle Richtungen sicher mehr zu bieten. Das zentrale Angebot der Anthroposophie richtet sich an ein anderes Bedürfnis. Steiners nach wie vor aktueller Ansatz liegt in der Aufgabenstellung, nicht allein einzelne weltanschauliche Inhalte des gewohnten Weltbildes zu ersetzen oder den Alltag durch bestimmte Praktiken zu bereichern, sondern ausgehend vom denkenden Individuum einen neuen Weltentwurf an Stelle des überholten zu setzen. Sein Angebot zielt wesentlich auf das Bedürfnis nach einer Art von Information, die das Bewußtsein des einzelnen sinnvoll mit dem Ganzen des Kosmos verbindet und dabei das vernünftige Denken einbezieht (ohne freilich das Übersinnliche «rationalisieren» zu wollen). In gewissem Sinn ist sogar das denkende *Durchschauen* ebenso wichtig wie das *Erfahren* der spirituellen Welt. Der amerikanische Schriftsteller David Guterson läßt es eine Figur in seinem Roman «Östlich der Berge» so ausdrücken: «In der Anthroposophie versucht man, Zugang zum Spirituellen zu finden ... Man benutzt den Verstand und entwickelt sein Wahrnehmungsgefühl.»

Interessanterweise resultiert die gegenwärtig zu beobachtende Offenheit für spirituelle Themen nicht etwa aus philosophischen oder wissenschaftlichen Aktivitäten, sondern aus zunehmenden persönlichen Erfahrungen. In übergreifender Perspektive stellt sich dabei zwangsläufig die Frage, wie diese spirituelle Dimension eigentlich in ein Weltbild passen soll, das den Menschen von der Schule an als Produkt einer durch Zufallsmutationen und Selektion funktionierenden Evolution erklärt, als ein Wesen, das wesentlich durch seine Gene bestimmt sein soll und dessen Innenleben nach gängiger Auffassung ein Gemisch aus anonymen elektrischen und chemischen Vorgängen im Gehirn darstellt. Solche Überlegungen zeigen sofort, daß spirituelles Denken noch lange nicht im Denken selbst verwurzelt ist und noch nicht jene Ebene erreicht hat, in der die Weichen der Zivilisationsentwicklung gestellt werden. Diese «Schaltstellen» der Gesellschaft befinden sich vielmehr heute noch immer in Händen des materialistisch geprägten, wissenschaftlich-technischen Apparates.

Deshalb setzt die Anthroposophie beim verstehenden Denken an, also dort, wo Erkenntnis selbst überblickt werden kann. Im Denken liegt der Keim eines individuellen Mündigwerdens für die elementaren

Fragen des Daseins, deren «offizielle» Beantwortung heute immer noch weitgehend von einer reduktionistisch geprägten Wissenschaft und einer sich gegen das Erkennen abgrenzenden Religion beansprucht wird. Nur wer über das Zustandekommen der Erkenntnis aus eigener Erfahrung urteilen kann, wird sich aber in Fragen des Weltbildes und der Philosophie selbst orientieren können. Die hier vorgelegte Einführung will dem Anspruch des selbständigen Informationszugangs zu erweiterten Perspektiven schon von seinem Aufbau her gerecht werden: Anthroposophie wird daher nicht primär als lexikalische Angelegenheit und Ausbreitung einer bestimmten Terminologie verstanden, sondern entwickelt sich anhand eines möglichst schlüssigen Denkfadens. Eine Übersicht aller von Rudolf Steiner berührten Wissens- und Lebensgebiete wurde dabei bewußt nicht angestrebt. Die entstandene Darstellung könnte dennoch insoweit als vollständig gelten, als damit ein brauchbarer Ausgangspunkt für das eigene weitere Erschließen der Anthroposophie vorliegt.

Frankfurt am Main, Sommer 2000

1. Was ist Anthroposophie?

Anthroposophie ist eine spirituelle Bewegung auf philosophischer Grundlage mit sozialer Ausrichtung. So ließe sich das Thema dieser Einführung in einem Satz zusammenfassen. Der letztere Aspekt, die soziale und praktische Ausrichtung, steht bei der Wahrnehmung der Anthroposophie in Pädagogik, Medizin oder Landwirtschaft meist im Vordergrund. Hier soll es jedoch primär um die gedanklichen Grundlagen dieses Ansatzes gehen.

Die Anthroposophie will in erster Linie über geistige Tatsachen und Vorgänge informieren. Einer ihrer Ausgangspunkte ist dabei die Frage, wie ein Verständnis der menschlichen Freiheit und ihrer Bedeutung im Ganzen des Kosmos gewonnen werden kann. Zum Umfang dieser Fragestellung gehört insbesondere die Aufklärung über die Leib-Seele-Geist-Konstitution des Menschen (geisteswissenschaftliche Anthropologie) und die aus dem Prinzip der individuellen Souveränität geschöpfte Idee der Reinkarnation. Was damit gemeint ist, soll im weiteren Verlauf dieser Einführung deutlich werden.

Methodisch beruht die Anthroposophie auf einer stufenweisen Erweiterung des Bewußtseins und seiner Erfahrungsmöglichkeiten, die bei der Schulung des Denkens und des seelischen sowie des sozialen Verhaltens ansetzt. Dem Wortsinne nach läßt sich Anthroposophie etwa als «Weisheit von dem, was im Menschentum liegt» übersetzen. Ihr Begründer Rudolf Steiner (1861–1925) erarbeitete erstmals spirituelle Inhalte in einer gedanklich verständlichen und systematisch aufgebauten Form, die er deshalb auch «Geisteswissenschaft» nannte.

Anthroposophie versteht sich nicht als Religion und auch nicht als «Lehre». Einer Religion oder Lehre gehöre ich entweder durch Tradition an oder ich schließe mich ihr aufgrund einer normativen Entscheidung an. Ich wähle sie beispielsweise aufgrund einer Affinität zu bestimmten

Werten, Lebensstilen oder Ausdrucksformen. Niemand würde dagegen seinen Standort innerhalb des wissenschaftlichen Lebens beschreiben, indem er etwa sagte: «Die Evolutionstheorie entspricht besser meinem Verständnis der menschlichen Existenz als der Schöpfungsglaube.» Denn bei der Frage der Wirklichkeit der Evolution geht es nicht um Sympathien oder persönliche Einstellungen, sondern um eine Befragung der Tatsachen. Ebenso wie die Naturwissenschaft will sich die Anthroposophie an *Tatsachen* orientieren. Der Begriff der Tatsache wird hier allerdings nicht in dem eingeschränkten Verständnis materiell zugänglicher Sinnesdaten, sondern in der allgemeinen Bedeutung des grundsätzlich Beobachtbaren verstanden. Tatsachen werden dabei unter anderem auch in jenen Erfahrungsbereichen aufgesucht, die sich durch systematische Ausbildung seelischer und geistiger Beobachtungen erschließen. Dennoch sollte der Begriff der Wissenschaft in diesem Zusammenhang vorsichtig gebraucht werden: der Anspruch, von Tatsachen zu reden, klafft allzu leicht mit der Wirklichkeit, bloße Überzeugungen oder Glaubensinhalte zu vertreten, auseinander. Angelesene und überzeugt vorgetragene «Tatsachen» über «höhere Welten» wirken dann oft ähnlich «wissenschaftlich», wie der Marxismus sich «wissenschaftlich» gebärdete. Der Anthroposophie kommt es auf die *Haltung* an, die in eine *kognitive* im Gegensatz zu einer religiösen Richtung zielt.

Die Ahnung des Höheren

Warum aber soll man sich eigentlich für so etwas wie den «Geist» und eine erweiterte Erkenntnis interessieren? Für die meisten Lebenslagen scheint man mit den üblichen Informationen und Verhaltensweisen, die unser Zeitalter bereitstellt, gut auszukommen. Höchstens in Ausnahmesituationen wie Verlusten, Krisen und biographischen Erschütterungen, in der Konfrontation mit Vergänglichkeit und Tod glaubt man manchmal, daß es gut wäre, etwas Tieferes von der Welt zu wissen, als was nur für den Tag gedacht ist. Es gibt sie, diese «Ereignisse, bei denen die Riegel des Universums aufbrechen und uns einen kurzen Blick auf das Verborgene schenken», wie es der Schriftsteller Salman Rushdie («Der Boden unter ihren Füßen») einmal ausgedrückt hat.

Schaut man genauer hin, dann geht jedoch viel mehr als zunächst gedacht auf Bemühungen zurück, tiefer in die Zusammenhänge der Welt einzudringen als für den Augenblick nötig. Vermutlich gehört sogar das meiste von dem, was uns das Leben wertvoll macht, in irgendeiner Form dazu. Von Albert Einstein soll der Satz stammen: «Das Schönste, das wir erfahren können, ist das Geheimnisvolle. Es ist die Quelle alles Wahren und aller Wissenschaft.» Dieses Bedürfnis nach «mehr» ist kein Wunder, denn die Unzufriedenheit mit der Art, wie wir uns in der Welt zunächst vorfinden, und das Verlangen nach «mehr» ist offenbar etwas allgemein Menschliches. Der anthroposophische Autor Herbert Witzenmann prägte hier den Begriff der «schöpferischen Unzufriedenheit», die den Menschen kennzeichne. Diese kann sich auf ganz unterschiedliche Weise regen: Wissenschaftler suchen dieses «Mehr» in Form von Ideen und Theorien, die den verengten Horizont ihres jeweiligen Nichtwissens erweitern. Erst die Einbettung in ein Ganzes beruhigt das Fragen, aber nicht umsonst hört das Fragen nach den letzten Ursprüngen, nach Ursache und Entstehung der Dinge, nie auf. Bei religiösen Menschen ist es die Getrenntheit vom Göttlichen, die sie durch Gebet und kontemplative Lebensführung überwinden wollen. Künstlerisch gestimmte Naturen suchen nach Inspirationen, in denen die Kraft liegt, die Festlegungen des Gewordenen zu sprengen und sich in ein neu Geschöpftes umwandeln zu können. Natürlich ist es auch möglich, daß jene Unzufriedenheit und die Ahnung des Höheren keine nähere Ausdrucksrichtung finden und sich in scheinbaren, kurzfristigen Befriedigungen verlieren. Ganz gleich aber, ob durch Wissenschaft, Religion oder inspirationsnahe Kreativität oder ob durch Verbindungen dieser Ansätze: immer suchen wir etwas, das über uns hinaus weist.

Gleichzeitig aber ist dieses Gesuchte nirgends anders zu finden als *in uns selbst*. Ganz von innen her kündigt sich etwas an, das den Gedanken an Entwicklung weckt. Im Inneren entdeckt unsere Aufmerksamkeit eine Richtung, noch bevor ein deutliches Ziel sichtbar wird. In uns selbst zeigen sich dann aber auch die Schwierigkeiten und Hindernisse, die Verstrickungen und Verkrustungen, aus denen wir uns allmählich befreien wollen, um zu werden, was wir wirklich sind.

Das Gefühl, dem Höheren, das in uns lebt, durch Selbstverwandlung immer näher kommen zu können, bedeutet einen wichtigen Anfang. Man kann aber noch weiter gehen. Denn die Stimmung, daß in uns die innere Entwicklungschance einer immer weitergehenden Vervollständigung unseres Wesens liegt, läßt sich bündeln und systematisch ausbauen. Dann wird aus dem Gefühl eine gezielte innere Arbeit. Diese Arbeit nennt man auch Meditation.

Meditation ist eine Form der Veränderung des Bewußtseins. Normalerweise wird unser Bewußtsein durch die Berührung mit äußeren Erfahrungen geweckt und aufrechterhalten. Zugleich entsteht damit eine erste Form des Bewußtseins von uns selbst, das Selbstgefühl. Alle Erfahrungen und Erlebnisse nehmen wir als Veränderung unseres Selbstgefühls war. Ob es die verschiedenen Sinneseindrücke sind, die Art, wie eine Landschaft, ein Konzert, ein neuer Mensch auf uns wirkt: immer ist dabei eine Rückbezüglichkeit im Spiel, durch die wir uns selbst zum zentralen Maßstab aller Dinge machen. Daß wir alle Dinge und Erlebnisse auf uns selbst beziehen, ist zunächst ganz notwendig – so sind wir «gebaut», dies gilt es zunächst ganz wertfrei festzuhalten. Schrittweise kann aber die Energie, die sonst in der Aufrechterhaltung unseres Selbstgefühls verbraucht wird, auch «gestaut» und zu etwas ganz anderem als zur «Selbstverwertung» weitergebildet werden: nämlich zu einem Wahrnehmungsorgan für Wirklichkeitsbereiche, denen gegenüber die äußere Realität, wie wir sie als «fremde» und uns äußerliche «Objektivität» kennen, nur eine bestimmte Stufe darstellt. Das Geistige in uns selbst, das wir in der Steigerung des denkenden Bewußtseins erfassen, kann zum Auge für den Geist in der Welt werden. Wie dies im einzelnen geschieht, wird weiter unten gezeigt werden. Schon jetzt aber wird deutlich, daß auf diese Weise viele Probleme des geistigen Lebens, die oft als gedanklich gar nicht erklärbar eingestuft werden, wieder neu ins Blickfeld rücken. Man beginnt zu verstehen, was überhaupt mit dem Wort «Geist» gemeint sein kann, und bemerkt, daß die Welt nicht mit der sinnlich greifbaren Dimension endet. Auch die Perspektive, ob es eine Existenz des Geistes nach dem Tode gibt, wird wieder offen. Vor allem stellt sich radikal die Frage: Wer sind wir eigentlich selbst? Was macht den Kern unseres Wesens aus? Im allgemeinen erwartet man Antworten auf diese zentralste aller Fragen heute – wie alles Wissen – zunächst von den modernen Naturwissenschaften. Methodisch gesehen sind diese auf das materiell Feststellbare ausgerichtet. Der Eindeutigkeit und Sicherheit dieser methodischen Ausrichtung verdanken sie ihre Erfolge und ihr Ansehen. Auch für die großen Rätsel des Menschseins wie die Frage nach unserem Wesen, unserer Herkunft und Entwicklung, oder des Verhältnisses von Gehirn und Bewußtsein gelten heute Disziplinen wie Physik und Chemie, Verhaltensforschung und Genetik als zuständig. Der Weg der Bewußtseinserweiterung kann aber heute methodisch mit der gleichen Konsequenz verfolgt werden wie in den Naturwissenschaften. Dieser Weg erweitert aber die in Frage kommenden Tatsachenbereiche beträchtlich. Neue Phänomene, die hier allerdings innerhalb des eigenen Bewußtseinsumfeldes auftreten, werden zunächst beobachtet, beschrieben und gedanklich gedeutet.

Wissenschaftlichkeit als Haltung

Wissenschaftlichkeit als Haltung kann auch von einem spirituellen Weg nicht ignoriert werden, wenn er heute ernst genommen werden will. Denn der Anspruch der Wissenschaftlichkeit ist maßgeblich für unsere gesamte Epoche geworden. Dies hängt mit einer ganzen Reihe von Kriterien zusammen. Wissenschaftliches Vorgehen bedeutet zum Beispiel, sich selbst und anderen Interessierten Rechenschaft über seinen Ansatz zu geben, die Ausgangspunkte und den Hergang der Untersuchungen möglichst transparent zu machen. Wissenschaft steht im Gegensatz zum unsystematischen Probieren, zur bloßen Schlußfolgerung aus für wahr gehaltenen Lehrsätzen und zu jeder Form des autoritären Dogmatismus. Mit Wissenschaft verbindet man zudem den Anspruch, die Gedanken an der Wirklichkeit und an ihrer inneren Stimmigkeit zu orientieren. Logische Schlüssigkeit ist eine Grundforderung. Sympathien oder irgendwelche Vorlieben dürfen keine Rolle spielen. In der Gegenwart zeigt sich – beispielsweise an den mit der Biotechnologie verbundenen Grenzfragen – immer wieder, daß der Seite der Wissenschaft gegenüber einer nur gefühlsmäßigen Ethik in der Regel mehr Gewicht beigemessen wird. Ethische Argumente greifen zumeist erst, wenn sie auch auf entsprechende Tatsachen – hier in der Regel Mißerfolge und Fehlentwicklungen der Wissenschaft – verweisen können. Weil Wissenschaftlichkeit als «Zivilisationshaltung» der Moderne auf diese Weise eine so bisher unbekannte Strenge sowohl gegenüber der eigenen Subjektivität wie auch gegenüber ideologischen Machtansprüchen zum Prinzip erhoben hat, ist sie zu einem zentralen Träger menschlicher Emanzipation geworden. Sie verhalf der menschlichen Individualität zu einer Freiheit, die sich auf innere Unabhängigkeit und Übersicht gründet.

Dies gilt unabhängig davon, daß es hinsichtlich vieler Einzelergebnisse und der gesellschaftlichen Machtstellung der Wissenschaft oft fraglich ist, ob sie ihrer Bestimmung überhaupt noch gerecht wird. Ja, man muß sogar sagen, daß «Wissenschaft» in ihrer einseitig faktenorientierten Verfassung heute selbst vielfach zu einem ideologischen Monopol geworden ist. Die von ihr herangebildete Qualität des individuellen, sachlichen Urteils bleibt davon unberührt.

Beides, die grundsätzlich auf Durchschaubarkeit abzielende Wissenschaft wie auch der aus dieser Haltung hervorgegangene, urteilsfähige Individualismus, spielen sich in einem für sie unverzichtbaren Medium ab: Ihr Lebenselement ist das Denken. Der denkende Intellekt gilt wohl unbestritten als der prägende Faktor der gesamten Moderne. Vermutlich lag das mentale Schwergewicht früherer Kulturen, beispielsweise des antiken Griechenland, viel weniger im Gedanklichen und mehr im Bereich des Gefühls. Damals war es (nicht nur in der bildenden Kunst) wichtiger, daß die Proportionen mit dem Empfinden übereinstimmten, als die Dinge dem Kriterium objektiver Überprüfbarkeit zu unterwerfen. Entscheidungen wurden mehr instinktiv gefaßt und autoritär durchgesetzt. Das Ganze zählte mehr als die Einzelnen. Heute will jeder einzelne das Ganze möglichst klar überschauen und sich seinen Weg nicht von außen bestimmen lassen. Dazu braucht er sein Denken. Mit seiner Hilfe verknüpft er jeden seiner Schritte mit dem nächsten zu einem Weg und kann immer wieder das Ziel innerlich vorwegnehmen, das ihm die Richtung dabei angibt.

In das Medium dieses begrifflichen Denkens wurde durch Steiners *Geisteswissenschaft* – Jahrzehnte, bevor im Westen das Interesse an Esoterik in der Öffentlichkeit in großem Maßstab erwachte – der Bereich der höheren Erkenntnis integriert, der bis dahin ausschließlich der inneren Vision angehörte und den «Eingeweihten» vorbehalten blieb. Durch Steiners Tätigkeit ist bislang als «okkult» geltendes Wissen so zugänglich geworden, daß es *verstehbar* auch für diejenigen wird, die nicht die zu eigener geistiger Erfahrung nötige Energie aufbringen können oder wollen. Durch die zentralen Motive der Wissenschaftlichkeit und der Freiheitlichkeit zeigt sich Anthroposophie da, wo Spiritualität den Anspruch unserer Epoche auf Bewußtheit und Individualismus bejaht und weiterträgt.

Dualismus oder Monismus?

Für die weitere Entwicklung der globalen Verhältnisse wird es von großer Bedeutung sein, ob eine solche Zusammenführung zentraler Modernitätsstandards mit dem Spirituellen gelingt. Denkbar wäre stattdessen auch, daß sich das Interesse an Esoterik in der Öffentlichkeit weiterhin mehr mit der Wucht eines Naturereignisses ausbreitet. Wie von elementaren Zeitgewalten inspiriert, in tieferen Wesensschichten wirksam und von der Gefühlssicherheit eines inneren Sensoriums akzeptiert, übernehmen neue übersinnliche Fähigkeiten möglicherweise die Orientierung in der privaten Lebensführung. Geht jedoch die Schere von geistiger innerer Orientierung und intellektuellem Wissen weiter auseinander, könnte es zu merkwürdigen «Fähigkeitsverwerfungen» kommen: Man beginnt dann beispielsweise aus einer mehr instinktiven Gewißheit bestimmte esoterische Praktiken für die Lebensführung und «überspringt» die Stufe gedanklicher Auseinandersetzung. Die Menschen würden auf diese Weise von einer sie überhöhenden Geistigkeit «mitgerissen» und in einer mehr instinktiven Form «weise» gemacht. Ihre intellektuellen Fähigkeiten blieben dann der zivilisatorischen Daseinsbewältigung, vor allem der Weiterentwicklung der Technik, vorbehalten und müßten eigene Wege gehen.

Durch diese Aussparung des Denkens wäre ein großer Teil der Menschheit auf dem besten Wege, die auf anderen Gebieten erlangte Selbstbestimmung gerade in Bereichen, die sie existentiell am meisten angehen – dem eigenen Schicksal etwa –, wieder zu verspielen. Anstelle eines Dualismus von Wissen und Weisheit, der den unverwandelten Intellekt zugunsten einer mehr triebhaften Esoterik zurückläßt, will die Anthroposophie einen Monismus entwickeln, der den Menschen durch den Nullpunkt seines Intellektes in eine freie spirituelle Aktivität führt.

Zum Weiterlesen:

Rudolf Steiner: Ein Weg zur Selbsterkenntnis des Menschen. – Einführende Gedanken und Meditationen zur Selbstentwicklung.

Richard Tarnas: Idee und Leidenschaft (1999). – Eine bewußtseinsgeschichtliche Darstellung des Werdeganges des «westlichen» Denkens mit einem Ausblick auf eine neue Epoche geistiger Ganzheitserfahrung.

2. Denken und Meditation

«... Ich aber möchte daran glauben, daß es dich gibt und daß du in meinen Gedanken gegenwärtig bist. Und wenn ich mich an dich wende mit meinen Gebeten, dann wende ich mich tatsächlich über dich an mich selbst; und in so einer Stunde ist es mir gegeben, zu denken, als würdest du selbst denken, o Schöpfer.»

Dschingis Aitmatow, Ein Tag länger als ein Leben

Ein Wissen vom Menschen und tieferer Weisheit hat es zu allen Zeiten gegeben. Die frühen Hochkulturen sind undenkbar ohne das Mysterienwesen auf ihrem Grund, in dem über Generationen hinweg die Verbindung mit der geistigen Welt durch eine spirituelle Elite gepflegt wurde. Später hinterließen Visionäre, Mystiker und Erleuchtete ihre Schilderungen höherer Welten – man denke beispielsweise an Hildegard von Bingen, Meister Eckhard oder Jakob Böhme. Solche Persönlichkeiten wirken dabei wie einzelne Genies des Übersinnlichen, ähnlich den Meistern auf musikalischem Feld, an deren Früchten man Anteil nehmen kann, deren Quellen aber dem Normalsterblichen verschlossen sind. Die Anthroposophie will dieses Übersinnliche für jeden, der das Interesse dazu mitbringt, verstehbar und zugänglich machen. Für sie ist der Zugang zum Übersinnlichen, Spirituellen, kein exklusiver Rückzug in ein Gebiet außerhalb der Wirklichkeit, sondern gerade der Versuch, die *volle Wirklichkeit* zu erfassen. Dabei setzt sie darauf, daß die Wahrnehmbarkeit der ganzen Wirklichkeit nicht allein von der jeweiligen Begabung oder vom Zufall abhängig bleibt: «Es schlummern in jedem Menschen Fähigkeiten, durch die er sich Erkenntnisse über höhere Welten verschaffen kann», formuliert Rudolf Steiner in seinem Buch «Wie erlangt man Erkenntnisse höherer Welten?».

Dem steht jedoch ein tief eingewurzeltes Mißtrauen des modernen Denkens entgegen, was die Einschätzung der Wirklichkeit und des menschlichen Bewußtseins betrifft. Nahezu das gesamte moderne Nachdenken über die Welt setzt an den Anfang dieses Nachdenkens ein axiomatisch scheinendes Modell: die Überzeugung von der Trennung der Welt in Subjekt und Objekt und von der Unerreichbarkeit der wahren Wirklichkeit durch den Menschen. Auf der Seite des Subjektes soll sich demnach das Bewußtsein oder der Geist befinden. Die Objektseite wird als rein gegenständlich und materiell, dem menschlichen Inneren so fremdartig wie möglich vorgestellt. Eine wirkliche Verbindung zwischen beiden Gebieten gibt es nicht – so das Modell. Was aber, wenn dieser Dualismus nur ein abgeleitetes Schema wäre, das selbst nur aufgrund einer höheren Einheit möglich ist? Denn an seiner Stelle wäre auch ein ganz anderer Ausgangspunkt denkbar: eine ursprüngliche Einheit des Kosmos, aus der die Polarität von Welt und Bewußtsein erst entsteht. Dann aber wären Geist und Materie nicht tatsächlich getrennt. Der Mensch ist es, der sich auf seinem Weg zunächst abgesondert hat und aus der Einheit herausgefallen ist. Aber die höhere Welt umgibt uns, wir sind Teil von ihr. Sie steht mit uns in Wechselwirkung, nur bleibt sie gewöhnlich unbemerkt, wie ein *Schatten aus Licht*, der ständig neben uns weilt, der gewohnten Wahrnehmung nicht ausgesetzt.

Es gibt aber eine Stelle, an der dieses Geistige – ähnlich einer Nabelschnur – noch direkt in unser eigenes Wesen hineinreicht. Und genau hier kann auch die Entwicklung einer Wahrnehmungsfähigkeit für das Geistige oder Übersinnliche beginnen. Diese Nahtstelle zum Geistigen in der eigenen menschlichen Wesenheit ist das Denken. Das Denken, das gewöhnlich nur in Form des instrumentalisierten Intellekts bekannt ist, zu einem Wahrnehmungsorgan für das Geistige zu verstärken, ist ein charakteristisch moderner und allgemein noch wenig aufgegriffener Ansatz spiritueller Arbeit.

Denken und Spiritualität: das scheinen zunächst jedoch Kategorien zu sein, die sich ausschließen. Dem Gedanken einer Verbindung dieser Sphären steht vor allem die weit verbreitete Auffassung entgegen, die im Denken nichts als ein Schattenbild der «eigentlichen» Realität sehen kann oder will. Beispielsweise wird in der Erkenntnis- und Lerntheorie behauptet, die Begriffe des Denkens seien eine abstrahierende Zusammenfassung dessen, was man an Ähnlichkeiten in der Welt vorfindet. Sich mit solchen Anschauungen auseinanderzusetzen, dient nicht in erster Linie der besserwisserischen Zurückweisung populärer Anschauungen, sondern dazu, im Mitvollziehen von Gründen und Gegengründen ein erstes Befreiungserlebnis der Denkkraft zu vermitteln.

Wir sehen zum Beispiel einen Baum. Sehen wir zwei, drei, mehrere Bäume, dann soll sich, gemäß der Lerntheorie, durch die Wiederholung etwa der wesentlichen Bestandteile (Stamm, Rinde, Verzweigungen, Blätter) ein *allgemeiner Begriff* des Baums bilden, der dann auf alle noch so verschiedenen Bäume anwendbar ist. Daß hier in Wirklichkeit eine Erklärungslücke vorliegt, bemerkt man, wenn man versucht, sich den Zustand *vor* der gelungenen Begriffsbildung vorzustellen: nach der Begegnung mit dem ersten Baum folgt jene mit dem zweiten; wenn (angeblich) bei der dritten der Begriff «Baum» aufdämmert – woran macht sich dann aber die Erfahrung des «Gleichen» oder «Wesentlichen» im Verhältnis zum zweiten Objekt fest, wenn der zum Vergleich taugliche Begriff des Baums ja per Definition noch gefehlt hat? Wie komme ich, beim dritten Objekt stehend, zum «gleichen» vorangegangenen zurück, das ich doch noch gar nicht als «Baum» erkannt hatte? Man wird vielleicht antworten: Die Begriffsbildung sei eben eine sich steigernde Zusammenfassung von *Ähnlichkeiten*. Das aber ist zu ungenau. Denn erst, wenn wir den Begriff gefaßt haben, können wir mit seiner Hilfe in die Verschiedenheit der Erscheinungen gehen und Ähnlichkeiten auf einen Nenner bringen, nicht umgekehrt. Außerdem vergißt man leicht, daß in dem Falle, wenn von einer Kondensation der Begriffe vom Besonderen zum Allgemeinen hin die Rede ist, das weniger Allgemeine (Astverzweigungen, Häufung von Blättern) selbst wieder begrifflicher Natur ist. Das Problem wird so nur eine Stufe tiefer verlegt. Jede Form, jede Struktur, jeder Zusammenhang gehört schon dem Denken an – und müßte selbst zunächst erklärt werden.

Die Elemente des Denkens können also nicht aus der Erfahrungswelt abgeleitet werden; die Tatsache, daß wir den Gebrauch der Begriffe, das Denken, in Kontakt mit der Erfahrung (Wahrnehmung) erlernen und erproben, darf nicht zu dem Schluß führen, daß das Denken selbst nur eine Art Destillation der Wahrnehmung sei.

Wenn aber das Denken nicht aus der sinnlich wahrgenommenen Welt abgeleitet und in seinem Wesen nicht als ein Sekundärphänomen zu erklären ist – was ist es dann? Hier steht uns vermutlich unser Drang im Wege, für jedes Phänomen eine *kausale* Erklärung haben zu wollen. Alles muß eine Ursache haben – also auch das Denken. Alle Erscheinungen können wir aus irgendwelchen Ursachen ableiten – auch beim Denken muß das möglich sein. Die Risse in einer Bodendecke etwa erklären wir durch das vorangegangene Eindringen von Wasser und den Frost. Das Verdunsten von Wasser können wir durch die Einwirkung der Wärme erklären. Also: physische Erscheinungen, erklärt durch vorangegangene physische Ursachen. Was aber, wenn diese Art zu fragen und zu erklären gerade beim Denken keinen Sinn machte? Weil das Denken alles erklärt, aber selbst nicht durch anderes zu erklären ist? *Und wenn dies nicht etwa ein Mangel wäre, sondern gerade das Wesen der Sache?* Das Denken aus einer vorangehenden Ursache abzuleiten, es in irgendeiner Weise auf eine physische Phänomen-Ebene zu bringen, würde bedeuten, es dingfest zu machen, es zu «orten». Alles, was wir kennen, «kommt ja von irgendwo her» – also wollen wir es auch beim Denken so haben! Aber beim Denken geht es nicht an, ihm einen solchen «Ort» zuzuweisen. Die Tatsachen der eigenen Beobachtung zeigen: so sehr wir auch suchen, es kommt von nirgendwo her. Wir finden keinen äußeren Grund des Denkens, kein verursachendes «Vorher». Das überraschende Phänomen ist vielmehr so zu beschreiben: es «entspringt» einfach, und zwar immer neu, indem wir es denkend hervorbringen. Warten wir ab, ob wir mit einem solchen Ausblick ins Nichts stürzen oder doch einen Halt finden.

Ein weiterer Umstand sorgt dafür, daß die Einschätzung des Denkens Mühe macht: die Betätigung des Denkens kommt uns in seiner ständigen, lebensnotwendigen Gegenwärtigkeit fast noch weniger zu Bewußtsein als das Ein- und Ausatmen der Luft. Dabei ist es das Denken, das uns in jeder alltäglichen Lebenslage Licht über die Unverständlichkeit der Dinge breitet. Wir selbst in unserer Eigenart als physische und zugleich geistige Wesen sind es, die bei unserem Zug durch die Welt gleichsam ständig eine Schneise vor uns hinprojizieren: eine Schneise, in der die einheitliche Welt in Einzelheiten auseinanderfällt. Aber das Denken schließt diese Schneise permanent wieder zusammen

– wenigstens so weit, daß wir uns halbwegs in der Welt orientieren können. Blitzschnell integrieren wir – während des Tages ständig – neue Wahrnehmungen in den Vorstellungsorganismus unserer je schon verstandenen Welt. «Daß doch der Kopf eines Menschen keine Sekunde aufhört zu denken! So ist es nun mal, das dumme Ding: Ob du's willst oder nicht – ein Gedanke bringt den nächsten hervor, unentwegt, sicherlich bis an dein Lebensende!», heißt es in Dschingis Aitmatows Roman «Ein Tag länger als ein Leben».

In jedem Moment gibt es Beispiele für diese unermüdliche Denktätigkeit: Durch unsere Zimmertür oder irgendwo im Vorbeigehen hören wir etwa undeutliche Töne – kleinste Wahrnehmungsfetzen genügen –, und es wird die Vorstellung eines bekannten Liedes oder einer uns bekannten Stimme daraus. Oder: Der passende Begriff, der in unsere zum Himmel gerichtete Aufmerksamkeit «einschießt», läßt in der dunklen Verfärbung, die man zunächst vielleicht für eine Wolke hielt, den ziehenden Vogelschwarm erkennen. Indem wir ihm folgen, tauchen wir in die Gestaltungspotenz ein, die ihn formt.

Jeder Schritt vom unverstandenen Einzelnen zum vorstellbaren Ganzen ist eine synthetische Leistung, die nicht selbst aus der Richtung der wahrgenommenen Einzelheiten stammt, sondern in uns auftritt. Und doch «gehört» diese Vervollständigung zum Ganzen zur Wirklichkeit. Was uns zunächst verwirrt, ist das Faktum, daß dieses Ganze für uns nicht vorhanden wäre ohne unsere eigene Tätigkeit. Wir trauen dem Zusammenhang nicht, der durch unsere eigene Tätigkeit zu den Dingen hinzukommt. Bei näherer Überlegung zeigt sich aber, daß dieser Zusammenhang gar nicht aus der von uns wahrgenommenen Außenwelt stammen kann. Denn das Ganze kann nicht aus dem zerstreuten Einzelnen abgeleitet sein oder aus bloßer abstrahierender Wiederholung des Einzelnen entstehen. Jedes Verstehen und Einordnen wird von uns selbst in Fluß gebracht und hat einen ganz anderen Charakter als das passiv Wahrgenommene. Was da in uns strömt und ständig wieder in die Weltdinge – sie (für uns) wieder vervollständigend – zurück mündet, ist Denken, allerdings in seiner elementaren Form, die *vor* jener Form von Bewußtheit liegt, zu der das schlußfolgernde, analysierende Reflektieren gelangt. Erst in der Spiegelung unserer Vorstellungen wird uns der ursprünglich formende Geist der Dinge bewußt, gleichzeitig aber als gegenständlich und fremd erlebt. Aber im Wesen ist das in uns erscheinende Denken von gleicher Art wie das, was als Geistiges «die Welt im Innersten zusammenhält», wie es Goethe im «Faust» ausdrückt. Das Wesen der Dinge wird von unserem Denken mitvollzogen. Das bedeutet jedoch nicht, bei einem im philosophischen Sinne «naiven» Verhalten gegenüber den Phänomenen stehenzubleiben. Die Welt ist nicht wirklich, wie sie ist, sondern wie sie im Bewußtsein des eigenen Verwobenseins in sie erst *wird*. Die ständige Vervollständigungs- und Verwirklichungsleistung des Denkens bleibt gewohntermaßen ebenso unbemerkt wie sinnlich ungreifbar. Deshalb kommt der im Kern geistige Charakter des Denkens normalerweise auch gar nicht zu Bewußtsein. Dennoch bauen sich aus diesem stetigen, aber nur halbbewußten Denkstrom alle unsere eigenen Bewußtseinsinhalte auf. «Der Mensch ist ein Gedankenwesen», heißt es daher in Rudolf Steiners Buch «Theosophie».

Ein inneres Experiment

So, wie wir unser Denken gewöhnlich behandeln, beachten wir weder seine prozessuale Beteiligung beim Wirklichkeitskontakt noch seine existentielle Bedeutung für uns. Seine eigene Beschaffenheit interessiert uns nicht. Wir verstehen Gedanken in bezug auf anderes, das sie bezeichnen. Wir benutzen sie auch, um aus Einzelvorgängen allgemeine Schlüsse zu ziehen, also um zu abstrahieren. Denken kann sich dabei auf Gegenstände aller möglichen Kategorien beziehen: auf materielle, sichtbare Dinge, auf komplexe Vorgänge und Ereignisse, auf seelische Phänomene und existentielle Angelegenheiten. Zunächst mag man fragen: Was für einen Inhalt aber sollte ein Gedanke abgesehen von einer «Realität» haben, auf die er sich bezieht?

Die Frage, ob es möglich wäre, einen Gedanken nur für sich selbst als Gegenstand des Denkens zu behandeln, scheint zunächst höchstens eine Frage von rein logischer Relevanz zu sein, die leicht in unfruchtbare verbale Spitzfindigkeiten abzugleiten droht (z. B. «Kann man das Denken denken?»). Außerdem wissen wir auf Anhieb gar nicht recht, wohin wir eigentlich unsere Aufmerksamkeit richten sollten, wenn das Denken nicht von etwas Äußerem angeregt und «wachgehalten» wird.

Dennoch kann genau diese Frage – so unscheinbar sie aussieht – sich als eine Tür erweisen, durch die sich ein Einstieg in das Verständnis geistiger Entwicklung bietet. Der Grad zwischen bloßer Spekulation, spitzfindiger Münchhausiade und ernsthaftem inneren Experiment ist dabei allerdings schmal. Aber warum sollte es uns hier nicht so gehen wie so manchen Erfindern und Entdeckern, die mit theoretischen Erklärungen nicht weiterkamen, sich aber doch nicht von allerlei Ratschlägen («Da ist nichts hinter dem Ozean») abhalten ließen und statt dessen ausprobierten, was ihnen eine Möglichkeit schien?

Wer versucht, einen Gedanken abgesehen von einem gegenständlichen Bezug zu seinem Bewußtseinsinhalt zu machen, läßt tatsächlich das sichere Festland hinter sich. Ein beliebiger Gedanke – «Baum», «Haus», «Kerze» wird zunächst die Tendenz zeigen, räumlich konkrete Vorstellungen, also «Beispiele» für den Begriffsinhalt, heranzuziehen. Ein abstrakter Begriff wie «Fortschritt» oder «Freiheit» dagegen wird sich vermutlich innerlich als so wenig fixierbar erweisen, daß es schwer wird, ihn überhaupt im Bewußtsein zu halten, ohne dabei «wegzuträumen». Besser geeignet für unser Experiment ist deshalb eine Gedanken*verbindung*, ein Aussagesatz, der in sich abgeschlossen und stimmig ist. Optimal wäre es, wenn sich in dieser Aussage so wenig an äußeren Bezugnahmen wie möglich fänden. «Das Ganze ist größer als jedes seiner Teile» ist ein solcher Inhalt. Auch wenn ich mir zur Vergewisserung vielleicht zunächst ein Stück Kuchen von der letzten Geburtstagstorte *vorstellen* muß, bleibt der Inhalt dieser Gedankenverbindung auch abgesehen davon *denkbar*. Die bloße Bedeutung der Gedanken beziehungsweise Begriffe «Teil» und «Ganzes», die auf eine ganz bestimmte Weise zusammenpassen, genügt mir als «Stoff» meines Denkens. Was «Teil» ist, wird durch «Ganzes» bestimmt und umgekehrt; das eine erfordert das andere, dies ist in jenem, jenes in diesem in gewisser Weise schon mitenthalten.

Indem es mir gelingt, die Bedeutung der beiden Gedanken wachzuhalten und in dem Wechselspiel der Gedankeninhalte mitzuleben, mache ich eine wichtige Erfahrung: neben den Gedankeninhalten ist ein weiterer Faktor an diesem Geschehen beteiligt, nämlich meine eigene *Tätigkeit*, durch die jene Inhalte überhaupt erst in meinem Bewußtsein auftreten und darin wachgehalten werden. Ohne diese innere

Aktivität würde der Prozeß bald abreißen. Das Verhältnis zum Objekt des Denkens ist also hier ein ganz anderes als üblicherweise: zwar muß ich auch da unter Umständen erst eine Gelegenheit schaffen, damit ich über ein Objekt denken kann, und muß dabei meine Aufmerksamkeit aufrechterhalten. Bei allen übrigen Gegenständen, auf die sich das Denken richtet, habe ich auf das Auftreten dieser Gegenstände jedoch keinen *unmittelbaren* Einfluß. Anders beim Gedanken: dieser ist nur insofern und nur so lange Gegenstand meines Denkens, wie er durch meine eigene Aktivität in meinem Bewußtsein präsent ist. Ich schaffe hier also gewissermaßen das Objekt meines Denkens selbst, obwohl ich in einem inhaltlichen Sinne natürlich nicht der «Schöpfer» von Gedanken wie «Teil» oder «Ganzes» bin. Niemand kann sich Begriffe (wohl Namen!) ausdenken. Hier wird man möglicherweise als Gegenargument an die Theorie denken, der gemäß man die Begriffe und ihre Verbindungen als eine Sache der Konvention bezeichnet: wie etwas zu denken sei und nach welchen Regeln man es verknüpfe, sei durch Übereinkunft geregelt worden. Man muß hier nur fragen, wie denn der Prozeß der Einigung vor sich gegangen sein sollte, bevor man die entsprechenden Begriffe zur Verfügung hatte. Gegenstand der Einigung kann nur sein, wie ich einen bereits verstandenen Begriff bezeichne – wir könnten uns beispielsweise einigen, ab morgen die Worte «Teil» und «Ganzes» einfach umzutauschen – man kommt aber durch Einigung niemals auf das *Prinzip* des Ganzen und seiner Teile.

Die angedeutete Erfahrung eines selbstgebildeten Bewußtseinsinhaltes läßt sich weiter entfalten, wenn man gezielt und in regelmäßiger Wiederholung eine bestimmte Gedankenfolge vornimmt. Manche Gedanken sind in besonderer Weise für diese innere Entwicklung geeignet. Im Kapitel «Die letzten Fragen» des Buches «Die Philosophie der Freiheit» von Rudolf Steiner findet sich beispielsweise ein zunächst ganz unspektakulär wirkender Satz über das Phänomen des Denkens. Darüber wird gesagt:

«Es ist eine Wahrnehmung, in der der Wahrnehmende selbst tätig ist, und es ist eine Selbstbetätigung, die zugleich wahrgenommen wird.»

Zunächst die Beantwortung einer möglichen Frage vorweg. Denn man könnte meinen, daß doch bei jeder Wahrnehmung auch eine Tätigkeit des Wahrnehmenden nötig ist. Denn ohne eigene Beteiligung, beispielsweise ohne mein Hören, nehme ich auch nichts Gehörtes wahr. Hier muß jedoch eine feine und wichtige Unterscheidung beachtet werden. Die Tätigkeit beispielsweise beim Hören betrifft nämlich allein die *Aufmerksamkeit*, die dabei aufgewendet werden muß, nicht aber den Inhalt, dem sich die Aufmerksamkeit zuwendet. Ich höre aktiv, aber das Gehörte, der Ton oder das Geräusch, ist mir schlechthin gegeben. In diesem Gegebensein liegt gerade das Charakteristische der Sinneswahrnehmung. Vor diesem Hintergrund wird das Besondere der Wahrnehmung des Denkens erst richtig klar.

Eine erste Erfahrung, die man mit dem als Gedankeninhalt vorgeschlagenen Satz Steiners machen kann, besteht in der Schwierigkeit, daß auf etwas aufmerksam gemacht wird, was sich nicht auf äußerlich wahrnehmbare Verhältnisse bezieht. Es bezieht sich aber auch nicht auf etwas, was man – wie eine Empfindung oder ein Gefühl – als einen inneren Zustand auffinden kann. Die Aussage des Satzes ist aber – im Unterschied zu der erwähnten Beziehung von Teil und Ganzem – auch nicht unmittelbar aus rein logischen Gründen überprüfbar. Er kann bis zu einem gewissen Grad ein bloßes «Wortgeklingel» bleiben, je länger man ihn reflektierend hin und her bewegt.

Um hier weiterzukommen, kann man nur eines tun: nämlich ausführen, wovon der Satz handelt. Das heißt: im gleichen Moment, in dem ich den Satz innerlich ausführe, muß ich auch auf das achten, was ich tue, wenn ich es tue. Es geht also darum, das Denken hervorzubringen, selbst tätig zu sein, und dabei für genau diese Tätigkeit wach zu bleiben.

Gelingt dies – und es wird immer nur für Momente wirklich zur Deckung zu bringen sein –, dann wird genau das zur *Tatsache,* was Inhalt der Aussage ist. Wenn dies geschieht, hat man dem Gedanken, der ansonsten vielleicht nur innerlich ausgesprochen wurde, wirkliches *Leben* verliehen beziehungsweise man war in der Lage, seinem eigenen Denken solche Energie zu geben, daß man sich dadurch auf die Stufe des *lebenden Denkens* erhoben hat. Das *ursprüngliche Leben des Denkens* ist in mich eingeflossen. Hat man den Satz einmal wirklich verstanden, hat man ihn zugleich zur Wirklichkeit gebracht – zugleich ein erster Erweis der Befähigung des Bewußtseins zu einem leibfreien Zustand!

Jetzt wird auch klar, daß das Denken keineswegs eine Angelegenheit ist, die sich etwa nur zwischen der Hirnschale des Menschen abspielt. Zwar hängt alles zunächst davon ab, ob ich die innere Energie aufbringe, die gekennzeichnete Erfahrung zu machen. Daß wir es dann aber mit einer Wahrnehmung zu tun bekommen, bedeutet ja: mit unserer Aktivität verbindet sich etwas Objektives, Welthaftes. Es verhält sich mit unserem denkenden Bewußtsein, bildlich gesehen, ähnlich wie mit dem Vollaufen einer Schleusenkammer: wenn der Wasserstand innerhalb des Schleusenbeckens – im Falle des Bewußtseins durch anhaltende innere Aktivität – den des Flusses erreicht, können sich die Schleusentore öffnen und das Schiff in die Kammer einfahren. Können wir in der Kammer unseres Bewußtseins das Denken bis an den Rand steigern, dann strömt das Welten-Denken in mich hinein. Was für eine andere Perspektive als das armselige Bild der üblichen Erkenntnistheorie von einem Bewußtsein, das ontologisch auf dem trockenen sitzt!

Die Bezeichnung «lebendiges Denken» hat übrigens in diesem Zusammenhang nicht etwa nur bildlichen Charakter. Die dynamisierte Form des Denkens erreicht tatsächlich jene der gewordenen und geformten Welt angrenzende Sphäre des Werdenden und Formenden, in der das Lebendige selbst herrscht. Es ist die Sphäre, der angehört, was die lebendige Welt, die Pflanzen als lebendige Wesen durchdringt. Zum Vergleich: Die physische Welt, die Welt des Mineralischen und Amorphen, setzt sich aus Gestalten zusammen, deren Gestaltbildung durch äußere Faktoren zustande kommt – man denke etwa an die Abschürfungen eines Kiesels oder die Erosionsformen eines Felsens. Der wesentliche Unterschied zum Lebendigen wird erfaßt, wenn man sich die Art der Gestaltbildung in beiden Bereichen vor Augen führt: Dabei ist jedoch nicht der Faktor des sich zeitlich erstreckenden Gestaltaufbaus bei den Pflanzen das Entscheidende, denn auch das Gestein unterliegt einer Gestaltveränderung in der Zeit. Charakteristisch für das Lebendige ist indessen der Umstand, daß bei den Pflanzen der *Gestaltwandel* selbst zum Wesen der Pflanze gehört, die wirkliche Pflanze sich also erst im Prozeß einer Gestaltfolge realisiert. Die Zeitlichkeit bildet dabei eine wesentliche Bedingung. Die Qualität des Lebendigen erfaßt man aber erst in der Tatsache, daß die eigentliche Gestalt der Pflanze in fortwährender Verwandlung besteht, die Gestaltveränderung also zur Gestalt selbst gehört. An dieser Sphäre der dynamischen und zugleich stringenten Verwandlung nimmt das verlebendigte Denken Anteil, ja es ist nichts anderes als dieses Leben selbst. Sie wird dann real berührt, wenn beispielsweise der eben charakterisierte Begriff des Lebendigen erfaßt wird. In der anthroposophischen Terminologie wird diese Sphäre des Lebendigen auch das «Ätherische» genannt. Es ist diejenige Wirklichkeitsschicht, die die erscheinenden Formen des Lebendigen aufbaut und sie – für das äußere Auge unsichtbar – durchdringt, und die im Denken durch die Konzentration auf die reinen Begriffe und Ideen berührt wird.

Daran angrenzend unterscheidet die Anthroposophie noch eine weitere nicht-sinnliche Wirklichkeitsschicht: diejenige des «Astralischen», in der eine wiederum andere Qualität des Übersinnlichen beheimatet ist: sie hat mit einer Stufe der Gebilde zu tun, die sich jetzt nicht allein in äußeren Formen – wie die Pflanzen – ausleben, sondern die einen Innenraum bilden, in den etwas Äußeres hineingenommen und mit einer neuen Qualität umhüllt wird. Dieser Bereich ist der der Innerlichkeit, in dem sich ein Inneres auf ein Äußeres richten, dieses in sich hineinnehmen kann. Hier entstehen Empfindungen, Triebe, Leidenschaften und Gefühle.

Was bisher über die Annäherung an das «lebendige Denken» entwickelt wurde, führt uns in den Vorhof der Meditation. Deren Wesen wird jetzt verständlich, wie es sich kontinuierlich aus einem Aufgreifen und Vertiefen des im Alltagsbewußtsein aufzufindenden Denkens entwickelt. Die Qualität eines inneren Zustandes, der allein durch einen selbsterzeugten und lebendig beantworteten Inhalt aufrechterhalten wird, ist Kennzeichen des meditativen Bewußtseins und bildet einen geeigneten Ausgangspunkt geistiger Erfahrung. Hieran anschließend läßt sich verstehen, welche Bedeutung die innere Verlebendigung einer regelrechten Meditationsformel hat. Der Beginn des Johannes-Evangeliums ist beispielsweise ein solcher Meditationssatz:

«Im Anfang war das Wort.»

Hier ist nun in eine Aussage gefaßt, was in den vorangegangenen Überlegungen Schritt für Schritt aufgebaut wurde. Denn die im lebendigen Denken erfaßte Geistigkeit kann auch als «Wort» verstanden werden; natürlich nicht als «Wort» im Sinne einer Vokabel oder eines Terminus, der den Dingen lediglich hinzugefügt würde, sondern als das lebendige, schöpferische Wort, das als elementare Zusammenhangsbildung allem Geschöpften zugrunde liegt. Wenn wir nun im inneren Aussprechen und Realisieren dieser Aussage das «Wort» in uns und uns in dem «Wort» gegenwärtig halten, dann führt uns die Meditation des Evangeliumwortes vor Augen, daß das, was wir jetzt erleben, vom gleichen Wesen ist wie das, was die Welt erschaffen hat.

Von dieser Tatsache berührt zu werden, weckt gleichzeitig eine neue Qualität von Gefühlen in uns. Gewohntermaßen stellen sich bei uns Gefühle in bezug auf bestimmte äußere Erfahrungen oder Begegnungen ein: wir sehen ein Ding, eine Landschaft, ein Wesen, einen Menschen, bestimmte Gefühle treten als Wirkungen auf. Auch an Erinnerungen oder Phantasievorstellungen können sich bestimmte Gefühle knüpfen. Im vorliegenden Falle werden Gefühle durch einen reinen Gedanken hervorgerufen. Der «Auslöser» für dieses Gefühl ist gegenständlich oder vorstellungsmäßig gar nicht greifbar, das auftretende Gefühl, aber nicht weniger intensiv als die Gefühle, die sich sonst im Alltag mehr unwillkürlich einstellen. Diese Art von Gefühlen weckt eine verborgene Seite in uns zum Leben und verfeinert unser Empfinden.

Menschlich umfassende Schulung

Meditative Betätigung ist also keine isolierte intellektuelle Tätigkeit, die etwa nur «im Kopf» stattfindet. Das verlebendigte Denken wirkt in unserem gesamten lebendig-seelisch-geistigen Organismus. Die Übung auf diesem Gebiet bildet Organe aus, die sensibel für das Geistige in allen Bezügen machen, in die das Denken verwoben ist. Davon können Veränderungen unserer Befindlichkeit ausgehen, die sich auch an ganz anderen Stellen unserer Organisation bemerkbar machen. Obwohl es eher störend für den Verlauf ist, während der Meditation darauf zu achten, ist beispielsweise nach dem Ende einer Übung oft zu bemerken, daß der Atem tiefer und ruhiger verläuft. Meditation ist eine Kraftanstrengung erfordernde, aber keine verkrampfte Angelegenheit. Während einer Übung entspannt sich in der Regel insbesondere die Gegend um den Solarplexus. Bei längerer Praxis können sich außerdem

Veränderungen der feinstofflichen Leiblichkeit ankündigen. Über deren Bedeutung ist Näheres zu erfahren in Rudolf Steiners Schrift «Wie erlangt man Erkenntnisse der höheren Welten?».

In der Meditation eine Form der Selbstbeglückung zu sehen, bedeutet ein Mißverständnis. Allerdings haben Skeptiker so unrecht damit nicht, denn viele Wege nach innen lösen ein stark selbstbezogenes Verhalten aus oder verstärken eine bereits vorhandene Anlage in dieser Richtung. Es gibt eben keine Patentrezepte für einen «sicheren» geistigen Entwicklungsweg. Schließlich fördert die innere Sammlung ja die Selbständigkeit dessen, der sich auf den Weg gemacht hat. Die Verantwortlichkeit für sich selbst wird mit jedem Schritt größer und die Möglichkeit des Irrtums auch. Jeder kann da nur auf sich selber achten.

Dennoch lassen sich einige allgemeine Hindernisse charakterisieren. Das zentrale Problem, mit dem es die Verlebendigung des Denkens zu tun bekommt, ist die Verselbständigung der drei Aktivitätsrichtungen des Denkens, des Fühlens und des Wollens. Im vor-meditativen Leben sind diese drei Bereiche nämlich auf mehr oder weniger instinktive Weise verzahnt. Ein Beispiel: Ein bestimmter Gedanke (jemandem in unserem Gesichtskreis geschieht unrecht) löst bestimmte Gefühle (Mitleid, Gerechtigkeitsgefühl) aus, die eine entsprechende Handlung (moralischer oder tatkräftiger Beistand) nach sich ziehen. Wie jemand in einem solchen Fall im einzelnen reagiert, wird noch von seiner Charakterfärbung bedingt sein. Ansonsten aber verläuft das Seelenleben in der gekennzeichneten Art vielfach «von selbst», womit keine moralisch positive Beurteilung, sondern einfach eine Funktionsweise beschrieben sein soll. Die Betonung des gedanklichen Elementes fördert nun eine gewisse innere Autonomie, schafft die Möglichkeit einer sich distanzieren könnenden Ruhe; ein Gefühl stellt sich dann nicht mehr unbedingt «automatisch» auf eine bestimmte Vorstellung hin ein, sondern will seinerseits erst bewußt gebildet sein. Vergleichbares gilt für die Handlungsmotivation, die weniger unwillkürlich wird. Die instinktiven Reaktionen bleiben aus, die Distanz von der denkenden Vorstellung zu Gefühl und Handlung wird «länger». Hier liegt nun die Gefahr, in einem rein inneren Erleben zu verbleiben und die Kultivierung des Gefühlslebens und des Willens auszublenden. Dabei können dann beispielsweise Charakterbilder entstehen, in denen höchste intellektuelle Kompetenz im Geistigen mit einem unbearbeiteten emotionalen «Unterbau» zusammenkommt. Während dann etwa Ideen von der geistigen Gleichheit der Menschheit und das Ideal des freien Individualismus bewegt werden, können sich Vorurteile gegen ausländische Mitbürger oder chauvinistische Reaktionen gegen bestimmte Völker munter wie beim Stammtischgespräch weiter tummeln. In anderen Szenarien können beseligende Innenerfahrung mit fast vollständiger Interesselosigkeit an allem Zeitgeschehen und an sozialen Prozessen kontrastieren.

Die erwähnten Gefahren sind, so gesehen, notwendige «Klippen», die bei der Auflösung der vorbewußten Verknüpfung und Verschachtelung unserer Seelenverrichtungen auftreten müssen, wenn wir zu mehr innerer Souveränität vordringen und dabei bestehende Verhaltensmuster durchbrechen wollen.

Die Gefahren können aber durch das gleiche Element, das sie in den Raum stellt, auch «umschifft» werden. Denn die Tätigkeit des Denkens als ein alldurchziehendes Weben ist zur Verbindung mit allen Dingen und Wesen berufen. Ein Denken, das sich von der Rückbindung an das eigene Selbstgefühl loslöst, kann sich im erkennenden Mitvollziehen des Wesens anderer Dinge und anderer Menschen weiten. Je weniger es bei einem intellektuellen Begreifen bleibt und je mehr es gelingt, mich in diesem anderen wie mich selbst zu erleben, wird sich auch mein Fühlen verändern: Gefühle treten auf, die nicht meinen eigenen Zustand betreffen und etwas über mich sagen, sondern über das andere Wesen. Das Denken, so oft zum bloßen Instrument der intellektuellen Auseinandersetzung degradiert, trägt wie keine andere menschliche Fähigkeit die Anlage zur Selbstlosigkeit in sich. Stärker als beim Fühlen oder Wollen ist es auf die Sache, das betreffende Wesen gerichtet. Um einen Gedanken zu fassen oder einer Gedankenverbindung zu folgen, kann ich gar nicht anders, als zunächst von mir selbst abzusehen. Diese Veranlagung wird in der Übung des Denkens gesteigert, um aus dieser freien «Sachlichkeit» auch das Fühlen und Wollen auf eine neue Stufe zu heben. So kann langsam die Bedeutung eines Wortes von Rudolf Steiner verständlich werden, wonach im Denken eine «Kraft der Liebe in geistiger Art» wirksam ist. So gesehen ist Anthroposophie nichts anderes als mit dem Herzen denken zu lernen. Die bewußte Ausbildung der Emotionalität und Sozialität ist insofern kein bloßes «Anhängsel» einer geistigen Entwicklung, sondern ihr konsequenter und organischer Bestandteil.

Formen der Meditation

Rudolf Steiner hat verschiedene Formeln für reine Denk- beziehungsweise Wortmeditationen angegeben, etwa in seiner Schrift «Die Schwelle zur geistigen Welt». Darüber hinaus gibt es in der Anthroposophie noch andere Formen der Meditation und eine Vielzahl von Übungen, die im gekennzeichneten Sinne die Reichweite unseres Bewußtseins erweitern. In seinem Buch «Wie erlangt man Erkenntnisse der höheren Welten?» hat beispielsweise die sogenannte «Samenkornmeditation» eine Schlüsselstellung, in der es um ein innerliches Nachschaffen der Lebensprozesse einer Pflanze geht. – In der «Geheimwissenschaft im Umriß» Steiners findet sich die «Rosenkreuzmeditation», eine zentrale Übung der inneren Läuterung.

Auch für diese Formen der Bewußtseinsveränderung gilt, daß sie mit Inhalten arbeiten, die mit aller Kraft selbst im Bewußtsein gehalten werden müssen. Die Kriterien von Transparenz und Selbstkontrolle des Geschehens gelten hier ebenso wie bei der reinen Denk- oder «Wort»-Meditation. Meditation bedeutet hier also ausdrücklich nicht, beliebige Übungen auszuprobieren, durch die dann unwillkürlich irgendwelche geistigen Erscheinungen ausgelöst werden. Von der Meditation im hier gemeinten Sinne eines Lebens in reinen Bewußtseinsinhalten muß daher auch unterschieden werden das spontane oder durch bestimmte Ereignisse ausgelöste Auftreten geistiger Erlebnisse. Über deren Bedeutung soll damit nichts Abwertendes gesagt sein, nur stellt dieses Feld einfach ein ganz anderes Thema dar.

Auf die Frage, wie der einzelne zu den für ihn «passenden» Meditationen findet, gibt es keine wirklich befriedigende Antwort. Am besten versucht man aufmerksam darauf zu sein, was das Leben selbst heranträgt. Auf eine innere Führung kann man dabei durchaus vertrauen. Ein gewisses Mißtrauen sollte man dagegen grundsätzlich bewahren, wenn beim Thema Meditation die persönliche Abhängigkeit von einer Lehrerfigur ins Spiel kommt. Die Gefahr einer Beeinflussung in diesem Bereich dadurch, daß der Lehrer – selbst im gut gemeinten

Sinne – uns bestimmte Entwicklungsschritte abnimmt, ist zu groß. Ein autoritäres Verhältnis im spirituellen Bereich wirkt viel einschneidender als in jeder sonstigen sozialen Abhängigkeit! Gerade auf dem Felde des Esoterischen richten Autoritätsverhältnisse großen Schaden an. Sie passen nicht mehr in unsere Zeit von Freiheit und Individualismus.

Der Grundsatz des Individualismus bedeutet auch, daß es keine festen «Regeln» geben kann, wie etwa ein «geistgemäßer» Lebensstil auszusehen hätte. Der Beginn einer geistigen Schulung kann sich ganz unbemerkt von der äußeren Umgebung vollziehen. Ein spirituell arbeitender Mensch wird es nicht darauf anlegen, daß seine soziale Umgebung auch ja bemerkt, was er sich «Besonderes» vorgenommen hat. Eine Vorzeige-Esoterik in Ernährungs- oder Kleidungsstil oder im Sozialverhalten, womöglich noch mit leisen Demonstrationen opfervoller Überlegenheit gegenüber dem Rest der Menschheit verbunden, wirkt komisch und ist im übrigen kontraproduktiv, weil man so doch nur wieder viel Energie auf Äußerlichkeiten verwendet. Veränderungen in der Lebensführung können Folge geistigen Fortschritts sein, nicht umgekehrt. Je selbstverständlicher und unverkrampfter, um so besser.

Unnötig sollte der Hinweis darauf sein, daß auch jede Form von Fanatismus mit dem Prinzip einer individualistischen Esoterik unvereinbar ist. Schwerer zu besiegen als der äußere Bekehrungseifer ist allerdings das *innere Aburteilen* anderer Entwicklungswege. Nur wer mit seiner inneren Arbeit die alle Menschen umfassende Geistigkeit noch nicht berührt, wird glauben, durch Überredung, Kritik oder Mißfallensbekundungen andere auf den «richtigen Weg» bringen zu können.

Zum Weiterlesen:

Rudolf Steiner: Die Philosophie der Freiheit, 3. Kapitel. – Grundlegende Beobachtungsanleitungen und Verständnishilfen zum Erfassen des lebendigen Denkens.

Rudolf Steiner: Wie erlangt man Erkenntnisse der höheren Welten? – Standardwerk des anthroposophischen Weges spiritueller Entwicklung mit zahlreichen praktischen Hinweisen.

Herbert Witzenmann: Was ist Meditation? (1982) – Kleine, anspruchsvolle Schrift, die das Wesen der Meditation aus einem vertieften Wirklichkeitsbewußtsein heraus entwickelt.

Georg Kühlewind: Bewußtseinsstufen (1979). – Einführende Beschreibung der Unterschiedlichkeit und Entwicklungsmöglichkeit von Bewußtseinsqualitäten.

3. Die Rolle Rudolf Steiners für die Anthroposophie

Unbestreitbar spielt die Figur ihres Begründers in der Anthroposophie eine zentrale Rolle. Der ganz überwiegende Teil des anthroposophischen Ideengutes geht bisher auf Rudolf Steiner zurück. Sein Bild prangt (nicht nur physisch) in vielen Einrichtungen und seine Bedeutung wird innerhalb der anthroposophischen Szene hoch eingeschätzt. Die Berufung auf seine Äußerungen bei allen möglichen Gelegenheiten und zu allen möglichen Fragen hat bereits Franz Kafka, der sich für kurze Zeit als persönlicher Schüler bei Steiner bewarb, in seinen Tagebüchern ironisch kommentiert. Auch auf viele Interessierte nach ihm hat der Habitus der «Anhänger» ähnlich wie das Verhältnis einer «Gemeinde» zu ihrem «Guru» gewirkt. Bedenkt man zudem, daß in den Kernbestand der Anthroposophie ja die Praxis der Meditation gehört, dann kann leicht die Frage entstehen: Handelt es sich hier nicht viel mehr um eine Art Heilsbewegung, die – wie andere solcher Bewegungen auch – sich vor allem durch den Bezug auf ihren Gründer definiert? Was hat das mit dem eingangs charakterisierten Ideal der «Wissenschaftlichkeit» zu tun, von der man normalerweise Allgemeingültigkeit, Voraussetzungslosigkeit und Nachprüfbarkeit erwartet?

Ein Blick auf die Biographie

Bevor sich das Bewußtsein der Welt gegenüberstellt und sie in Subjekt und Objekt trennt, ist der Mensch in einer ungeschiedenen Einheit Bestandteil der Welt. In ihm wirken die gleichen Kräfte wie in der Natur. Nur dadurch, daß zugleich mit dem Erkennen der Welt unser Selbstbewußtsein erwacht, empfinden wir uns als etwas von der Welt Getrenntes, ja zunächst Urfremdes. Es ist, als könnten wir das, was in uns selbst als Bewußtsein lebt, in der Welt nirgends wiederfinden. Erst im bewußten Erlebnis des Denkens wachen wir aus dieser Wachheit des Gegenüberstehens abermals auf und erkennen: Im Denken ist aller Zusammenhang begründet, ja, nur hier ist überhaupt erklärender Zusammenhang möglich, weil das Denken in sich selbst zusammenhängt und nicht erst wieder auf etwas anderes zurückgreifen muß, um das Denken zu erklären. Was für unser Erkennen die Dinge «zusammenhängt», ist aber von gleicher Art wie das, was die Dinge selbst «im Innersten» zusammenhält. So führt der Weg des Erkennens zu einem höheren Bewußtsein der Einheit mit der Welt.

Auch Rudolf Steiner ist keinen anderen Weg als diesen vom ursprünglichen Einssein durch die Entfremdung zur höheren, bewußten Einheit gegangen. Nur daß sich ihm, im Unterschied zu den meisten von uns, als Kind noch ein deutliches Empfinden für das Leben in einer ursprünglichen Einheit erhalten hatte. In seiner Autobiographie «Mein Lebensgang» hat Rudolf Steiner (geboren 1861 im heutigen Kroatien) beschrieben, wie er sich als Kind vollständig bewußt darüber war, daß zu der gewöhnlich wahrgenommenen, sinnlichen Welt ein wesenhafter, geistiger Teil hinzugehörte. Steiner, der als Kind einfacher Leute in Österreich aufwuchs, erlebte beispielsweise den Weg von gestorbenen Bekannten in der nachtodlichen Welt mit, wußte also aus eigener Anschauung, daß der Mensch nach dem Tode in eine rein geistige Welt hinübertritt. Auch das Prinzip der Wiederverkörperung war ihm schon früh klar geworden. Wäre es bei dieser Form von naiver Hellsichtigkeit geblieben, dann hätte Steiner später einfach ein Lehrer wie viele andere auch werden können, der seine Eingebungen an einen Anhängerkreis weitergibt. Sein geistiger Werdegang entwickelte sich aber ganz anders.

Steiner schlug im letzten Drittel des 19. Jahrhunderts eine akademische Laufbahn ein. Ihm war klar, daß seine inneren Erfahrungen im Widerspruch zu allem standen, was gängige Ansicht der Zeit war: Wie sollte das, was sich ihm als Erfahrungstatsache zeigte, in Übereinstimmung zu bringen sein mit der gerade zur Blüte gelangenden Naturwissenschaft und der kritischen Philosophie? Steiner suchte deshalb nicht nur in seinem Studium in Wien die Auseinandersetzung mit dem naturwissenschaftlichen Weltbild, sondern stellte sich auch ganz in die Verhältnisse der modernen «Intelligenzia» hinein. Ein mondänes gesellschaftliches Leben, urbane Gewohnheiten, Alkoholgenuß und gesellschaftliche Konventionen wurden ihm selbstverständlich. Gleichzeitig tauchte er mit allen Fasern in die Bewußtseinsart seiner Zeitgenossen unter, durchdachte die materialistische Weltentstehungstheorie, den Darwinismus und die kritische Erkenntnistheorie. Schon als Schüler hatte er Kant studiert, nun verfolgte er die aktuellen Diskussionen des Neokantianismus. Steiners eigener Geist blieb nie bloßer Zuschauer, sondern ging selbst durch die Mühle des Intellektes.

Zum zentralen Punkt einer Neukonzeption wurde für Steiner Goethe. Denn in solchen Begriffen wie der «Urpflanze» (in seiner «Metamorphose der Pflanzen») hatte Goethe ja gezeigt, daß er von einem ideellen Element in der Wirklichkeit wußte, das nicht nur in den Köpfen der Menschen existiert, sondern in der Pflanze selbst als schöpferisches Prinzip wirkt. «Es geht hier nicht um eine zu vertretende Meinung, sondern um eine für jeden handhabbare Methode», hatte Goethe über seine «anschauende Urteilskraft» an Hegel geschrieben. Goethe konnte der bisher einseitig empirisch ausgerichteten Naturwissenschaft eine andere Wendung geben, eine spirituelle Tendenz, wie sie sich für das wissenschaftlich orientierte Abendland organisch anbot. Steiners kongeniale Begeisterung für Goethe weckte in Wien die Aufmerksamkeit des Literaturprofessors Julius Schröer. Schon mit 21 Jahren berief er Steiner als Kommentator der naturwissenschaftlichen Schriften Goethes im Rahmen einer Gesamtausgabe. Dadurch qualifiziert, wechselte Steiner im Jahre 1890 als einer der jüngsten Mitarbeiter in den Kreis eines der bedeutendsten wissenschaftlichen Projekte seiner Zeit und wurde Mitherausgeber am gerade erst gegründeten Goethe-Archiv in Weimar, wo die erste wissenschaftlichen Ansprüchen genügende Ausgabe des Klassikers entstand. Die Tätigkeit Steiners an diesem exponierten Ort deutscher Wissenschaft stand allerdings unter keinem guten Stern: Die anfängliche Sympathie seines Vorgesetzten Bernard Suphan schlug bald in Gleichgültigkeit und Unfreundlichkeit um. Als Steiner im Frühjahr 1894 mit anderen Archivmitarbeitern zu einem Empfang zu Haeckels Geburtstag eingeladen wird, ermahnt ihn sein Vorgesetzter, das Archiv nicht durch «aufrührerische» Trinksprüche in Verlegenheit zu bringen. Steiners Denken war von Grund auf unbürgerlich. Er sah in dem Weltentwurf Goethes auch die Freiheit des Menschen begründet, die alle Konventionen sprengt. Die Beschränkung seiner Kollegen auf die buchstabengetreue Bewahrung des Klassikers ließ Steiner dagegen Weimar mehr und mehr als die «Stadt der klassischen Mumien» erscheinen. Für den *Wissenschaftler und Philosophen* Goethe gab es kein Verständnis.

Trotzdem wurde die Weimarer Zeit für Steiner zu einer der wichtigsten seines Lebens. Was bei ihm aus der Begegnung mit diesem ureuropäischen und zugleich weltbürgerlichen Quell neu entstand, war keine in die europäische Moderne versetzte Hellsichtigkeit mehr, sondern ein gedanklich schlüssiges Ideengebäude, das den Menschen als erkennenden Pol der Wirklichkeit, als die Fortführung des Weltprozesses in Form des Bewußtseins in einen kosmischen Kontext stellte. 1894 präsentierte Steiner in Gestalt seiner in Weimar verfaßten *Philosophie der Freiheit* der Öffentlichkeit das Werk, von dem er noch viel später sagen sollte, daß seine gesamte Anthroposophie wie in einem Keim darin enthalten sei.

Ebenso wie das Herausarbeiten der höheren Erkenntnismethode Goethes standen seine philosophischen Gedanken in scharfem Kontrast zu dem seinerzeit gefeierten Agnostizismus und zu der herrschenden, pathetischen Absage an die Erkennbarkeit der Welt. Steiners Freiheitsphilosophie lag völlig quer zu dem im letzten Drittel des 19. Jahrhunderts siegreichen Glauben an einen geschlossenen Determinismus des Menschen. Sein Ansatz einer Verlebendigung des Geistes aus dem Denken fand unter den maßgeblichen Intellektuellen so gut wie keinen Anklang, geschweige denn, daß jemand darin einen Weg aktiver Bewußtseinsveränderung hätte sehen können. Steiner verließ Weimar und verbrachte die Jahrhundertwende in der Metropole Berlin, wo er als freischaffender Publizist mit den verschiedensten gesellschaftlichen Strömungen in Austausch trat, unter anderem auch mit der sozialistischen Arbeiterbewegung. Deren Führung drängte ihn allerdings wegen seines mit dem orthodoxen Sozialismus kollidierenden philosophischen Individualismus aus seiner beim Publikum sehr beliebten Vortragstätigkeit wieder hinaus.

Mit dem Beginn des Jahres 1900 und knapp vierzig Lebensjahren schien es so, als müsse Steiner sein Projekt, dem abendländischen Intellekt einen spirituellen Keim einzupflanzen, als gescheitert ansehen. Da trat ihm in Berlin zum ersten Mal ein Menschenkreis entgegen, bei dem er eine echte Neigung und Bereitschaft zu dem bemerkte, was er von seinen ersten philosophischen Schriften an in Gang zu bringen sich mühte: Erweiterung des Bewußtseins. Eine Abzweigung der stark indisch geprägten Theosophen bat ihn um einen Vortrag, und wieder ist Goethe sein Ausgangspunkt: Bisher hatte er in Richtung der damaligen *Scientific Community* den Forscher und Humanisten Goethe als Paradigma einer neuen geistigen Orientierung, als praktische Anweisung zur Veränderung des Bewußtseins empfohlen. In Richtung der rein traditionalistischen, östlich orientierten und methodisch höchst diffusen Theosophie wurde Goethe nun zum Brückenkopf einer zeitgenössischen, spezifisch westlichen Esoterik. Am 29. September des ersten Jahres im neuen Jahrhundert hielt Steiner in der «Theosophischen Bibliothek» einen Vortrag über «Goethes geheime Offenbarung».

Es ist schon ein Schauspiel, den Goethe-Herausgeber, Kunstkritiker und Erkenntnistheoretiker Steiner hier nun vor einem Publikum zu sehen, das man sich überwiegend als seltsam schillernd vorstellen denken darf und das mit seiner morgenländischen Ausrichtung im Berlin der Jahrhundertwende reichlich exotisch wirken mußte. Allein, hier bemerkte er zum ersten Mal unter den Zuhörern seiner Ausführungen eine Bereitschaft zur konkreten Bewußtseinsveränderung. War ihm Weimar zu einer Sackgasse geworden, weil er die Begrenzungen der Philologie nicht erfüllte, fiel Steiner nun in der theosophischen Szene durch das Systematische und Exakte seines Forschens aus dem Rahmen. Seine Betonung der Rolle der abendländischen Kultur und der Bedeutung der Individualität im Weltganzen, die er in den Jahren nach der Jahrhundertwende in Wort und Schrift ausführte, blieb vielfach unverstanden.

Steiner machte sich in der Folge an eine imposante Umschaffung der Weisheitslehren, die in einer diffusen Form in der damaligen Theosophie fortexistierten. Zunächst erläuterte er aus den Ansätzen der europäischen Philosophie heraus eine spirituelle Menschenkunde und die Lehre von Reinkarnation und Karma *(Theosophie, 1904)* sowie die Darstellung der Welt nach dem Tode. Zugleich skizzierte er einen individuell zu gehenden esoterischen Schulungsweg *(Wie erlangt man Erkenntnisse der höheren Welten?, 1904/5)*. Schließlich legte Steiner eine verständliche und durch eigene Forschungen revidierte Darstellung der geistigen Hintergründe der Weltentstehung und Menschheitsentwicklung nieder *(Die Geheimwissenschaft im Umriß, 1910)*. Obwohl es manche inhaltliche Konvergenzen zur Theosophie (in den Inhalten) gibt, unterscheiden sich Steiners Ergebnisse in Sachen stilistischer Klarheit und intellektueller Verstehbarkeit grundlegend von den Werken der bis dahin tonangebenden Theosophie-Autorität Blavatsky, mit der Steiners Darstellungen bald nur noch manche Namen gemeinsam hatten. Insbesondere setzte er sich von ihrem mediumistischen Ansatz ab. Auch bemängelte Steiner an der damaligen Leitfigur der Theosophie, daß ihr aufgrund persönlicher Vorurteile jedes Verständnis sowohl für die «Mysterien des Sinai» (also die jüdische Weisheit) als auch für das «Mysterium von Golgatha» fehlte.

Nach der 1912 vollzogenen Trennung Steiners von der Theosophischen Gesellschaft gelang es ihm immer mehr, seine erst jetzt als *Anthroposophie* bezeichneten Anregungen für eine spirituelle Entwicklung zu einem wirksamen Zivilisationsfaktor zu machen, der ganz bewußt die Öffentlichkeit und zeitgemäße Präsentationsformen suchte. Im Gegensatz zu den altmodisch logenmäßigen Wirkensformen der Theosophischen Gesellschaft, die «nur für Mitglieder» am Rande des Sektiererischen laborierte, hielt Steiner nun öffentliche Vorträge und suchte in seinen Themen die Auseinandersetzung mit allen Strömungen des Kulturlebens. Für alle sichtbar und sich jedem Interessierten verständlich machend, sollte die Anthroposophie mehr und mehr zu einem gesellschaftlichen Faktor werden. Den zunächst wichtigsten Ausdruck fand dieser Impuls im Bau des *Goetheanum*, das ab 1913 im schweizerischen Dornach bei Basel entstand und fortan zu einem Zentrum für anthroposophische Aktivitäten wurde. Unterbrochen von der Katastrophe des Ersten Weltkriegs, verstärkte Rudolf Steiner anschließend seine Wendung zur Öffentlichkeit: in der desolaten Lage nach Kriegsende warf er sich mit einem Konzept zur Dezentralisierung und dynamischen Selbstregulierung von Staat, Wirtschaft und Kulturleben (die sogenannte «Dreigliederung des sozialen Organismus») ins politische Treiben, organisierte Aufrufe und Unterschriftensammlungen, sprach bei Betriebsversammlungen vor Arbeitern und konferierte mit Politikern. Zur selben Zeit gründete er in Stuttgart die erste Schule in freier Trägerschaft für die Kinder von Arbeitern der Zigarettenfirma Waldorf-Astoria, aus der die Waldorfschulbewegung hervorgegangen ist. Mit einer bis heute einmalig dastehenden Fülle an Vorträgen in ganz Europa erschließt Steiner nicht nur völlig neue Wissenshorizonte, sondern weist gleichzeitig auch vielen Lebensgebieten, wie der Medizin, der Landwirtschaft und ökologischen Technik, neue Wege. Steiner starb am 30. März 1925 in Dornach.

Ausnahmestatus?

Obwohl viele seiner Anregungen in der Folge erfreuliche Früchte zeigten, ist es bis heute der gesellschaftlich organisierten Anthroposophie nicht ganz gelungen, die aus der theosophischen Frühzeit herrührenden «Altlasten» einer abgekapselten Eigenwelt wirklich umzuwandeln. Auch die Beziehung der Anthroposophen zu ihrer Gründerfigur wirkt oft wie ein Bestandteil dieser Eigenwelt. Warum spielt Rudolf Steiner eigentlich für die Anthroposophie eine derart zentrale, oft unangenehm verabsolutierte Rolle? Ein Grund dafür dürfte darin liegen, daß die angedeutete Verbindung von übersinnlicher Begabung und selbständiger Umstrukturierung des höheren Wissens in Rudolf Steiner zunächst durchaus eine *Ausnahmeerscheinung* darstellt. Natürlich drängt sich die Frage auf, weshalb eine solche Fülle an esoterischen Aussagen zu fast allen Wissens- und Lebensgebieten ausgerechnet in einer Person konzentriert sein soll. Nimmt man nur die Anregungen auf den praktischen Lebensgebieten – Pädagogik, Medizin oder Landwirtschaft –, so würde schon das Stoff genug für mehrere Reformatoren-Biographien abgeben. Eine solche Bündelung neuer Impulse in einer Person stellt sich aber aus anderer Perspektive höchst «ökonomisch» dar, insofern hier eine Individualität ihre besonderen Möglichkeiten nach allen Richtungen hin ausschöpft. Die Fähigkeitenausstattung eines Menschen, wie sie für ein solches «Projekt» nötig ist, kann wohl nicht alle Tage vorkommen. Auch auf anderen Gebieten ist das ein bekanntes Phänomen. Was beispielsweise ein Bach oder Mozart an musikalischem Schaffen hinterlassen haben, hätte ebenso gut ein halbes Dutzend genialer Komponisten-Leben ausfüllen können. Die Vielfalt ihrer Werke kam aber jeweils aus nur einer Quelle. Ähnlich lag auch bei Steiner die Möglichkeit der Neuinspiration für viele Wissens- und Lebensgebiete in einer (wie Goethe es genannt hat) «herausragenden Natur».

Die Art, wie Steiner die traditionelle Esoterik durchforstet und sie verstehbar neu konzipiert hat, wirkt paradigmatisch für das Auftreten von Spiritualität in der Moderne. Es ist, als sei die Anthroposophie, als neues geistiges Paradigma verstanden, zunächst in der Gestalt eines bestimmten Menschen verkörpert aufgetreten. Wichtiger noch als das Umfassende seines Wirkens scheint dabei die Beispielfunktion des *Menschen* Rudolf Steiner: er hat – eben auf ganz andere Weise als ein bloßer Interpret höherer Weisheit oder gar als ein willenloses Werkzeug höherer Mächte – gezeigt, daß eine Verbindung mit der geistigen Welt für einen Menschen konkret möglich und für andere verständlich zu machen ist. Die Sehnsucht nach Weiterentwicklung, nach Erkenntnis und höherer Verbindung kann sich dadurch in einer Form bestätigt finden, die mit den anderen berechtigten Grundimpulsen der Moderne – Wissenschaftlichkeit und Individualismus – nicht in Kollision geraten muß.

Dennoch kann der Eindruck entstehen, daß angesichts dieser starken Ausrichtung auf die Gründerfigur der Anspruch einer «Geisteswissenschaft» mit einer für jeden zugänglichen Methode und nachprüfbaren Ergebnissen allzuleicht auf der Strecke bleibt. Ist man nicht gezwungen, Steiners Behauptungen in bloßem Vertrauen zu folgen? Hört man nicht immer wieder auf zweifelnde Fragen hin die Antwort, man solle sich «erst einmal darauf einlassen», was Steiner ausgeführt hat?

Diese Skepsis erfährt zusätzliche Nahrung dadurch, daß viele Anthroposophen, insbesondere diejenigen, die Steiner noch persönlich gekannt haben, ihm eine Form von Verehrung entgegengebracht haben, die auf Außenstehende oft befremdlich wirkt. Manche Anthroposophen beschäftigen sich auch heute in sehr speziellen Formen des Interesses mit dem «Eingeweihten»-Status Steiners und sinnieren über seine früheren Inkarnationen in einer Art, die nur «unter Ausschluß der Öffentlichkeit» überhaupt möglich ist. Auch der in den letzten Jahren aufgekommene, entgegengesetzte Trend zur «Demontage» der «Lichtgestalt» oder der kritischen Relativierung seiner Leistungen (auch innerhalb der Anthroposophenschaft) empfängt seinen Reiz vom Gegenbild dieses devotionalen Verhaltens. Rudolf Steiner hat einen solchen Kult nicht nötig und ihn selbst – vielleicht oft zu höflich bleibend – abgelehnt.

Eigene Beurteilungsgrundlagen

Damit ist aber die Frage nach einer Abhängigkeit von der Person Steiners in geistigen Dingen noch immer nicht richtig beantwortet. Hier kommt man weiter, wenn man zwei Ebenen auseinanderhält: diejenige, wo es um das Grundsätzliche der geistigen Forschung geht, und diejenige, wo spezielle Ergebnisse dieser Forschung zur Debatte stehen. Dazu ein Beispiel: Steiner hat in zum Teil überraschender Detailliertheit die zurückliegenden Entwicklungsstadien der Erde beschrieben. Dies umfaßt Zustände, die vor jener Zeit liegen, als die Erde ihre heutige Gestalt angenommen hat. Nach eigenen Angaben bezog Steiner diese Einblicke dadurch, daß er Zugang zu einem Bewußtseinsbereich gewonnen hat, der eine Art von planetarischem Gedächtnis bildet (die sogenannte «Akasha-Chronik»). Ein zweites Feld von Beispielen sind seine Aussagen über Einzelheiten des Lebens nach dem Tode. Eine nähere Beschäftigung damit zeigt, daß diese Schilderungen über die in den geschichtlichen Quellen (z. B. *Tibetanisches Totenbuch*) enthaltenen Aussagen hinausgehen. Solche neu entdeckten Inhalte sind sicher nicht in dem Sinne nachprüfbar, daß sie sich von jedermann in jedem Moment verifizieren ließen. Diese Erwartung entspricht allerdings auch einer recht trivialen Auffassung von Wissenschaft. Denn auch die Naturwissenschaften gehen ja nicht von beliebig möglicher Überprüfbarkeit aus, sondern kennen bestimmte Voraussetzungen und Methoden der Forschung, die für die allermeisten Menschen nicht unmittelbar zu beurteilen und noch seltener selbst durchzuführen sind. Vermutlich gilt sogar für den überwiegenden Teil dessen, was den heute angesehenen, hochspezialisierten Forschungsbetrieb ausmacht, daß seine Resultate nur für sehr wenige Menschen faktisch nachprüfbar sind. Auch die naturwissenschaftlichen Aussagen etwa über die Entstehung des Sonnensystems sind nicht für jeden kurzerhand überprüfbar. Nur fällt es der Öffentlichkeit heute in der Regel viel leichter, dieser Art von Spezialwissen Vertrauen zu schenken als einem Expertentum auf spirituellem Felde. Daß naturwissenschaftlich geprägte Theorien dennoch bei einer Mehrzahl von Menschen Akzeptanz finden, hängt damit zusammen, daß sie ihnen auf einer *grundsätzlichen* Ebene einleuchten. Das ihnen gebotene Weltbild stimmt nämlich mit fundamentalen Erfahrungen zusammen, die sie selbst über die Beschaffenheit der Welt gemacht haben: sie kennen etwa die mechanische Kausalität als Grundprinzip vieler Erscheinungen, gehen von ihrer Bestimmung durch materielle Faktoren aus und so weiter. Die Einzelergebnisse über die Beschaffenheit der Welt und des Menschen, die von der Naturwissenschaft ermittelt werden, passen im Prinzip zu ihren Grundüberzeugungen.

Die Reichweite und der Umfang dieses Plausibilitätsgefühls erweitern sich jedoch für diejenigen, die selbst spirituell aktiv werden. Weil sie aus eigener Anschauung die Wesensart des Geistigen kennenlernen, wird ihnen vieles denkbar und einleuchtend, was zuvor oft nur wie eine «Zumutung» an das verstandesmäßige Denken wirken konnte. Wenn sich aber ein Gespür für das Substantielle des Geistigen beispielsweise aus der Erfahrung des verlebendigten Denkens oder einem bewußten Umgang mit der Natur einstellt, dann ist auch die Verständnisebene dafür geschaffen, daß etwa ein menschlicher Wesenskern den Tod überdauern kann oder die Pflanze von einer unsichtbar bleibenden Kraft aufgebaut wird. Ohne eigene Berührung mit dem Geistigen blieben solche Perspektiven ein bloßes metaphysisches Postulat.

Zur methodischen Schulung in diesem Bereich gehört es aber auch, den Anteil des selbst schon Beurteilbaren von dem zu unterscheiden, was übernommene «Lehrmeinung» oder Aussage Rudolf Steiners ist. Nur zu oft gleicht der Umgang von Anthroposophen mit Aussagen Steiners dem Verhalten eines Erstsemestlers, der gerade die einfachsten optischen Grundsätze kennengelernt hat und nun gleich als Kenner der Astrophysik auftritt. Viele Anthroposophen halten übernommenes Wissen und eigene Erfahrung nicht deutlich genug auseinander, das heißt, sie geben als *Erkenntnis* aus, was für sie doch erst *Hypothese* ist. Weil es sich aber um geistige Inhalte handelt, wirkt das auf Außenstehende nicht anders als dogmatischer Glaube.

Abgrenzung und Selbständigkeit

Die Beziehung der Anthroposophie zu ihrer Gründergestalt scheint derzeit in die Phase einer Neubestimmung zu treten. Die noch von den unmittelbaren Weggenossen Steiners geprägte Haltung überhöhender Verehrung gegenüber dem geistigen Vorbild ist in den letzten Jahren einer zunehmend nüchterneren Auseinandersetzung mit der Person

Steiners gewichen. In einem Gegenschlag zur früheren «Heiligenverehrung» geraten dabei manche jedoch in eine Art Bilderstürmerei, die in ihrer Art nicht weniger begrenzt wirkt als die früher dominierende Haltung unkritischer Verehrung.

Vor allem wird es mitunter bereits als ein Beleg einer «aufgeklärten» Haltung gegenüber Steiner betrachtet, einzelne Fehler, Irrtümer oder Widersprüche in seinem Werk nachzuweisen oder auch wesentliche Positionen Steiners als eklektische Übernahmen zu «entlarven». Als Ergebnis kommt dann eine historisierte Kulturpersönlichkeit der zwanziger Jahre heraus, die zwar in ihrer zeitgenössischen Umgebung immer noch auffällig wirkt. Gleichzeitig müßte sich vor dem Hintergrund dieser historischen Einordnung (nicht selten auch schubladenhaften Ablage) die Frage verschärfen, warum sich eigentlich bis heute so viele Menschen von dieser Gestalt inspiriert fühlen, wenn sie doch nur ein «Kind ihrer Zeit» gewesen und alles Mögliche daraus nur zusammengetragen haben soll.

Nicht selten gipfelten die Emanzipationsbemühungen auch in dem Versuch, Steiner Unwahrhaftigkeit zu unterstellen, etwa dahingehend, er habe bestimmte «Brüche» in seinem Werk später kitten wollen und sein Publikum über die früher angeblich nicht vorhandene spirituelle Basis seiner Werke getäuscht. Die Notwendigkeit einer selbständigen Beziehung zu Rudolf Steiner ist unbestritten, ebenso wie die Tatsache, daß der Weg zur Selbständigkeit durch Zweifel, Rebellion und Abnabelung führt. Eine lediglich aus analytischer Energie gespeiste Auseinandersetzung mit Steiner führt dennoch in der Regel gerade nicht zu einer eigenständigen spirituellen Urteilsfähigkeit.

Andererseits wird aber auch immer deutlicher, daß Werk und Person Rudolf Steiners durch den zeitlichen Abstand zunehmend auch eine historische Dimension bekommen. Hier ist zunächst die rein chronologische Zeitspanne zu vergegenwärtigen, die Steiner mittlerweile zu einem Sprößling nicht nur des letzten, sondern sogar des vorletzten Jahrhunderts macht, mehr noch aber Steiners eigenes Wort, daß in diesem vergangenen 20. Jahrhundert manchmal zehn Jahre das Gewicht eines Jahrhunderts haben. Bei den geschichtlich-politischen Rahmenbedingungen fängt es an: Der Zusammenbruch des Kolonialsystems, die Krise des Nationalstaats, aber auch die des gesamten bürgerlichen

Wertesystems mit seinen lange selbstverständlich scheinenden Koordinaten, wie Pflichtgefühl, Treue und Patriotismus, und viele andere Veränderungen trennen uns heute von Steiners Gegenwart. Immer weniger wird es überzeugen, als Autoritätsbeweis beeindruckende Zitate Steiners anzuführen.

Diese sind ohnehin manchmal schon durch ihren zeitgeprägten sprachlichen Duktus als «historisch» gekennzeichnet. Dies gilt insbesondere für bestimmte Äußerungen, die – wie Steiners vereinzelten Bemerkungen über die verschiedenen «Rassen» der Menschheit – das Kolorit einer Zeit tragen, in der es noch selbstverständlich schien, daß die weiße Menschheit der unbefragte Fortschrittsträger war und die verschiedenen Ethnien auf ihre «angestammten» Kontinente gehörten. Ebenso aber, wie es den wissenschaftlichen und geschichtlichen Rang beispielsweise eines Aristoteles heute nicht im mindesten schmälert, daß er zusammen mit seinen Zeit- und Standesgenossen die Sklaverei für etwas «Normales» hielt, und ebensowenig wie man es den Geistesgrößen des 18. und frühen 19. Jahrhunderts anlasten wird, daß ihre Vorstellungen von der Rolle der Frau nicht dem im 20. Jahrhundert erreichten Emanzipationsbewußtsein entsprachen, ebensowenig kann es auch die Bedeutung Steiners mindern, wenn er sich Anfang der zwanziger Jahre in einer Weise, die heute durch den zeitlichen Abstand teilweise sogar diskriminierend wirkt, über Schwarze geäußert hat. Seine Erklärungen des Trieblebens der «Neger» und andere Äußerungen über Menschen mit anderer Hautfarbe sind heute nicht mehr zitierbar – wobei ausdrücklich festgehalten werden soll, daß diese Äußerungen in der Anthroposophie der Nachkriegszeit auch keinerlei Rolle gespielt haben und erst von Kritikern aus der Versenkung hervorgeholt wurden. Nicht vergessen werden darf auch, daß es gerade Steiner war, der früher als seine Zeitgenossen das anstehende Verschwinden der Kategorie der «Rasse» vorausgesagt hat. Seine Prophetie ist offensichtlich von der geschichtlichen Dramatik des 20. Jahrhunderts früher eingeholt worden, als ihm selbst bewußt sein konnte.

Auch in Steiners pädagogischen Schriften finden sich manche Formulierungen – besonders was das Verständnis von «Autorität» angeht, zu denen wir durch den zeitlichen Abstand und die inzwischen eingetretenen Verunsicherungen notwendig ein anderes Verhältnis haben.

Selbst wenn Steiner mit «Autorität» nie die Auslieferung unter die Willkür der Erwachsenen verbindet, sind seine diesbezüglichen Formulierungen (die sich ähnlich natürlich auch bei anderen Autoren des frühen 20. Jahrhunderts finden) heute interpretationsbedürftig. Ebenso wie andere «Stellen» erregen sie aber bei Steiner eigentlich allein dadurch Anstoß, daß man davon ausgeht, sie würden von Anhängern wie ein unumstößlicher Glaubenskanon vertreten. Die beste Korrektur solcher Mißverständnisse wird es sein, diesem Eindruck entgegenzuwirken. Im letzten Kapitel dieser Einführung werden wir in diesem Zusammenhang noch kurz eine Perspektive andeuten, die Rudolf Steiners Bedeutung im Sinne einer ersten und personalisierten, aber nicht einzig möglichen Verkörperung der Anthroposophie charakterisiert.

Zum Weiterlesen:

Rudolf Steiner: Mein Lebensgang. – Autobiographische Darstellung, die anhand der Lebensstationen des Verfassers den inneren Mitvollzug eines Entwicklungsweges anregt.

Christoph Lindenberg: Rudolf Steiner (1992). – Faktenreiche, kulturhistorisch orientierte Darstellung der Biographie Rudolf Steiners als Taschenbuch (auch als ausführliche Biographie in zwei Bänden).

Ted van Baarda (Hg.): Anthroposophie und die Frage der Rassen (1998). – Versuch einer geistesgeschichtlichen Einordnung der Anthroposophie und selbstkritische Auseinandersetzung mit der umstrittenen Rassenthematik.

4. Das Ich als Mitte des Menschen

Kleine Kinder, die gerade begreifen, daß sie selbst etwas sind, was sich von der Umgebung als etwas Eigenes unterscheidet, unterstützen ihre Bemühungen oft, indem sie mit dem Zeigefinger energisch in die Brustgegend weisen: «Ich!»

Das einmal erwachte Bewußtsein eines personalen Zentrums begleitet uns das ganze Leben über. Dieses «Ich» bildet einen trotz aller Veränderungen bleibenden Mittelpunkt unseres Wesens. Wir beziehen alles darauf, was uns begegnet. Selbst wenn es während des Lebens manchmal so starke innere oder äußerlich einschneidende Richtungswechsel gibt, daß wir den Eindruck haben: «ich bin ein anderer geworden und nicht mehr derselbe», so ist es doch gerade ein übergreifendes Bleibendes, das diese Verschiedenheiten an sich feststellt. Frappierend ist der Wandel des Selben. Das in allem Wandel Gebliebene aber, das sich gerade in der Verschiedenheit als das Selbe erkennt, ist viel ungreifbarer als die wechselnden Charaktereigenschaften, Vorlieben und Gewohnheiten eines Menschen, die zusammen als Erscheinungsbild die *Persönlichkeit* eines Menschen ausmachen. Davon zu unterscheiden ist die eigentliche Person, der ichhafte Kern unserer Biographie.

Das Ich als Illusion?

Die Selbstverständlichkeit, mit der wir als Kinder auf uns gezeigt und «Ich» gesagt haben, verläßt uns im gesunden Zustand ein Leben lang nicht. Und doch wissen wir eigentlich bei näherem Hinsehen gar nicht so genau, was das eigentlich ist, dieses Ich. Daß es sich nicht körperlich lokalisieren läßt, leuchtet unmittelbar ein. Steckt es in der Brust, wie das Kind unbewußt glaubt? Oder im Kopf, wo wir Erwachsenen geneigt sind, uns zu zentrieren, weil hier wichtige Sinnesfunktionen sowie unsere Artikulation ihren Ort haben? Genau genommen können wir keinen exakten «Ort», ebensowenig wie eine «Gestalt» des Ich angeben. Natürlich ist es auch bei anderen inneren Phänomenen (etwa bei Gefühlen) schwierig, diese zu lokalisieren und ihnen so etwas wie Substanz zuzuordnen. Aber man hat doch einen relativ klaren Eindruck, wie sich etwa Freude «anfühlt» – ganz anders nämlich als Ärger oder Angst beispielsweise. Jedes Gefühl hat ein mehr oder weniger klares «Gesicht». Was aber haben wir eigentlich vor uns bei dem, was wir mit «Ich» meinen? Dieses Etwas ist eigenartig flüchtig, ungreifbar. Es scheint sich in einen winzigen Punkt zusammenzuziehen – und ist andererseits sowohl über den ganzen Leib ausgebreitet als auch in unserem Leben und bei allen unseren Erlebnissen mit dabei.

Vielleicht wird manch einer sagen: genau diese Ungreifbarkeit begründet, warum sowohl die moderne Psychologie wie auch der überwiegende Teil der Hirnforschung dieses Ich für eine Illusion halten. Wirklich sollen nur die einzelnen Stadien unserer Existenz sein, eine darüber hinaus weisende Identität gebe es nicht. Das angebliche Mittelpunktswesen in uns, so heißt es oft, sei nur eine Konstruktion, um der in Wahrheit aufgesplitterten Unübersichtlichkeit unserer vielfältigen Zustände den Schein einer Kontinuität zu geben. Manche Skeptiker gehen so weit, sogar zu bezweifeln, ob das Ich von gestern heute noch dasselbe ist. Auch die bedauernswerten Fälle mancher Hirnverletzter werden angeführt: Wenn durch Schädigungen bestimmter Hirnpartien Störungen des Persönlichkeitsprofils ausgelöst werden, sei das ein Beweis für die Fragwürdigkeit eines konstanten Ich.

Nun könnte man dagegen anführen, daß ja auch die skeptischsten Hirnforscher keineswegs aufhören, sich so zu verhalten, als wären sie kontinuierliche und über die Zeit hinweg identische Personen. Zumindest belassen sie beispielsweise ihre Zuhörer auf wissenschaftlichen Kongressen oder die Leser ihrer Veröffentlichungen in der naiven Annahme, das Ich, das sich hinter ihrem angekündigten Namen verbirgt, sei immer noch dasselbe wie das, was ihnen durch frühere Publikationen bekannt wurde. Der Aufweis von Widersprüchen in der Leugnung eines Ich allein reicht allerdings als «Beweis» für seine Existenz nicht aus. Überhaupt führen Argumente, Gedanken und Hypothesen nicht weiter, solange nicht eine genügend klare Anschauung dieses Ich vorliegt.

Man kann sogar sagen: In bezug auf das, was umgangssprachlich und von seiten der Alltagserfahrung als Ich bezeichnet wird, ist es gar nicht so falsch, von einer Illusion zu sprechen. Das Alltags-Ich, die unreflektierte Ich-Vorstellung, bietet die nötige Klarheit jedenfalls nicht. Vielleicht hat die Skepsis der Wissenschaftler auch damit zu tun, daß – bildlich gesprochen – die Meßgeräte in eine Richtung ausgerichtet sind, in der tatsächlich nichts zu finden ist?

Richtungsumkehr

Schon im Aussprechen des Wortes «Ich» bewegen wir uns in eine Richtung, die für das Alltagsbewußtsein eine leere Nische bleibt: Ich zu sagen, ist nur nach innen gerichtet sinnvoll. Ich kann dieses Wort nicht nach außen hin verwenden, nicht zu anderem «Ich» sagen, sondern nur zu mir selbst. Was ich da mit diesem Wort benenne, ist nicht räumlich oder gegenständlich. Ein innerer Vorgang spielt sich ab. Ich verstehe eigentlich konkret nur, was «Ich» ist, indem und solange ich dies zu mir selbst sage; es ist zunächst nichts anderes als jene Selbstvergewisserung.

An dieser Stelle scheint der Prozeß aber auch schon zu stocken. Die Charakterisierung des Ich gelangt bis zur Fähigkeit der Selbstsetzung. Das wäre jedoch eine reichlich formale, «leblose» und einsame Gestalt des Ich, die freilich nur zu gut zu dem im Alltag gewohnten und oft geforderten Durchsetzungs- und Behauptungsverhalten des Ego paßt. Üblicherweise verbinden wir mit dem Gefühl, ein Ich zu sein, die Tendenz der Abgrenzung. Das Ich setzt sich von anderem ab. Wir werden noch sehen, daß dies keineswegs zum Wesen des Ich gehört.

Denn diese von der isolierten Selbstsetzung ausgehende Gestalt des Ich wäre kaum geeignet, Träger einer zeitüberdauernden Identität zu sein. In der Philosophie ist des öfteren darauf hingewiesen worden, daß schon die einfache Tatsache des täglichen Einschlafens dieses Ich-Bewußtseins gegen seine Kontinuität spricht. Um so erstaunlicher eigentlich, daß wir uns trotzdem beim Aufwachen täglich als dieselben realisieren. Gibt es möglicherweise – auf einer dem Alltagsbewußtsein übergeordneten Ebene – eine Form des Ich, die dieses Alltags-Ich überdauert?

Zur Beantwortung dieser Frage müßte es gelingen, zu untersuchen, ob man noch von einem Ich sprechen kann innerhalb eines Bewußtseinszustandes, in dem die Bedingungen der alltäglichen Reflexivität, der Speisung des Bewußtseins durch Bezug auf äußere Anlässe (Wahrnehmungen) und innere Zustände (Erinnerungen, Vorstellungen), ausgeschaltet sind.

Wir haben eine Möglichkeit, eine solche Untersuchung durchzuführen, bereits bei dem Versuch kennengelernt, ein Bewußtsein im reinen Denken zu erlangen. Das Denken ist als «Ort» für dieses Vorhaben mehr als andere innere Phänomene geeignet, weil es – anders als etwa das Fühlen – nicht die Eigenschaft hat, die Struktur unseres gewohnten Selbstgefühls zu verstärken. Nur ein Denken allerdings, in dem nicht die Vorstellungen unseres Alltags-Ich herrschen, bietet zunächst die Aussicht, herauszufinden, ob es Sinn macht, von einem Ich jenseits seiner leiblich geprägten Existenz zu sprechen.

Bei dem Versuch, ein Denken abgesehen von körperlich vermittelten Eindrücken aufzubauen, kommt es darauf an, nach und nach alles abzulegen, was nicht Denken ist. Nicht um das Vorstellen von Dingen der Außenwelt, nicht um das Rekapitulieren von äußeren Erlebnissen, nicht um das Auflebenlassen von Gefühlen geht es. Wir lassen so weit wie möglich alles zurück, was wir nicht im Kern selbst sind, sondern was wir nur an uns und mit uns tragen. Gelingt das, dann bleibt in diesem Zustand zunächst nur eine in sich zurückgehaltene, reine *Aufmerksamkeit*.

Diese Aufmerksamkeit wird sonst als Beobachtung in die Außenwelt gesogen. Sie kann sich aber auch Begriffe, Erklärungen, Erinnerungen heranziehen und sich damit anfüllen. Deshalb verblaßt normalerweise das Bewußtsein für dieses Zentrum unseres Wesens im Alltag. Bei unserem Versuch wollen wir dieses Zentrum in eine Form von Aktivität bringen, die das Bewußtsein über sein eigenes Wesen nicht verdrängt, sondern steigert. Als Übungsbeispiel nehmen wir die schon in Kapitel 2 eingeführte Formel aus der *Philosophie der Freiheit*, die das intuitive Denken charakterisiert:

«Es ist eine Wahrnehmung, in der der Wahrnehmende selbst tätig ist, und es ist eine Selbstbetätigung, die zugleich wahrgenommen wird.»

Indem dieser Inhalt unser Bewußtsein ausfüllt, erleben wir eine Existenzform, die sich nicht mehr auf leiblich übermittelte Eindrücke abstützt, aber ihre Anregungen auch nicht aus inneren Wahrnehmungen oder Erinnerungen bezieht. Sofern wir diesen Inhalt realisieren, macht es auch keinen Sinn, hier von einer Schlußfolgerung aus früheren Wahrnehmungen oder Gedanken zu sprechen. Die genannte Aussage bleibt als formaler Schluß leer. Wenn der Inhalt präsent ist, dann nur konkret in diesem Moment, weil er vollzogen wird.

Gerade in diesem Zustand zeigt sich aber auch unser Ich in einer bisher unbewußt gebliebenen Verfassung. *Es ist ja selbst* diese Tätigkeit und dieser Inhalt, es hat sich von allen gegenständlichen Bezügen freigemacht, es lebt allein noch in diesem Bezug. Das Ich ist also während dieser Aktivität selbst tätiges Denken geworden. Ein wichtiger Hinweis aus dem 9. Kapitel der «Philosophie der Freiheit» Rudolf Steiners – «Das Ich ist innerhalb des Denkens zu finden» – wird jetzt verständlich.

Dieser Satz: «Das Ich ist innerhalb des Denkens zu finden» ist selbst wiederum eine Art Meditation, eine Anweisung zur Herbeiführung eines Bewußtseinszustandes, bei dem der Inhalt einer Aussage erst durch die eigene Tätigkeit realisiert wird. Bei der Ausführung stößt man so auf eine wichtige Dimension des Ich. «Innerhalb des Denkens» meint nämlich nicht etwa nur innerhalb *meines* Denkens. Sicher, ich selbst bin es, der denkt und denken muß. Je mehr ich aber tatsächlich in diesem Inhalt lebe: «Das Ich ist innerhalb des Denkens zu finden», wird mir klar, daß es unmöglich ist, zu meinen, diese Aussage, der *Sinn* dieser Formel sei ein Produkt *meines* Denkens. Nein: Ich bin gerade konkret in diesem Gedankenzusammenhang von *dem* Denken getragen! Wieder sind Inhalt und Vollzug des Denkens eines geworden.

Das im Denken lebende Ich ist zwar allein, aber nicht einsam, weil alles, mit dem es sich hier verbinden kann, ihm wesensverwandt und zugänglich ist. Das Ich erlebt sich in einem geistigen Umfeld, das sich bei einiger Besinnung aber nur als eine Metamorphose seiner selbst erweist. Da, wo ich im Kern ich selbst bin, bin ich also zugleich viel mehr, als ich nur selbst bin. Die menschliche Ichhaftigkeit lebt vor dem Hintergrund und im Rahmen einer schlechthin umfassenden Ichhaftigkeit der Geistwelt, die als Denken in mein eigenes Wesen hineinragt und die ich, insofern ich es ausführe, auch selbst *bin*. Hier wird es allerdings schwierig, mit der Sprache noch zurechtzukommen. Besser ist es, selbst in diesen Erfahrungsbereich vorzudringen zu versuchen, dieses besondere Wechselverhältnis auf sich wirken zu lassen.

Als erkennende Menschen können wir *im Prinzip* Zugang zu allen Wesen der Welt finden, weil wir vom Ursprung her eins mit ihnen sind. Die anfängliche Fremdheit wird im Erkennen mehr und mehr überwunden. Je intensiver wir dies tun, um so deutlicher wird uns die ursprüngliche Einheit mit der Welt wieder bewußt. Erkennen bedeutet daher nichts anderes als *eins werden*.

Das gilt ganz besonders für das Verhältnis zu unseren Mitmenschen. Die Möglichkeit jeder Verständigung beruht allein darauf, daß *unser aller Ich innerhalb des Denkens zu finden ist*. In den Religionen ist dies in anderer Form oft bemerkt worden. So heißt es etwa in einer der von Martin Buber gesammelten chassidischen Legenden aus dem Mund eines Rabbi: «Du mußt das Wort recht verstehen: Liebe deinen Genossen als etwas, was du selbst bist. Denn alle Seelen sind eine; jede ist ja ein Funken aus der Urseele, und sie ist ganz in ihnen allen, wie deine Seele in allen Gliedern ihres Leibes.» – Mit allen Menschen, mit jedem Du, verbindet uns die gemeinsame Herkunft aus dem Zusammenhang des Denkens oder des Geistigen. Deshalb ist es auch nur Ausdruck entweder der meist konkurrenzierenden Lebensverhältnisse oder einer inneren Befangenheit, wenn wir uns den Zugang zu unseren Mitmenschen so vorstellen, daß dazu erst eine Projektion unserer eigenen Befindlichkeit in das Gegenüber stattfinden müßte. Im Gegenteil: solche Projektion setzt das unmittelbare Erleben des anderen als eines uns gleichen Ich immer schon voraus. Dieses unbewußte Erleben wartet darauf, als «Mysterium» der menschlichen Wesensgleichheit entdeckt, erlebt und gestaltet zu werden.

Wir sehen: Bei näherer Betrachtung ist das Ich alles andere als eine Illusion, ja in gewisser Hinsicht sogar das Wirkliche schlechthin. Von diesem Ich sagt Rudolf Steiner in seinem Buch «Theosophie»: «Das ‹Ich› bleibt als die eigentliche Wesenheit des Menschen ganz unsichtbar. Treffend nennt daher Jean Paul das Gewahrwerden des ‹Ich› eine ‹bloß im verhangenen Allerheiligsten des Menschen vorgefallene Begebenheit›. Denn mit seinem Ich ist der Mensch ganz allein. – Und dieses ‹Ich› ist der Mensch selbst. Das berechtigt ihn, dieses ‹Ich› als seine wahre Wesenheit anzusehen.»

Diese tiefere Vergewisserung über das Ich ist für den esoterischen Weg von großer Bedeutung. Denn was soll alles Reden von der Bestimmung des individuellen Selbst, alle Perspektive einer geistigen Entwicklung, alles Reden von der Wiederverkörperung der Menschen, wenn keine Anschauung und kein Begriff davon vorliegt, was der Träger dieser Entwicklungen ist?

Im vorangehenden zeigte sich, wie wir unser wahres Ich im Allzusammenhang des Denkens erfassen können. Damit ist zugleich die gewaltige Perspektive gewonnen, die schon das alte orientalische Weisheitswort zum Ausdruck gebracht hat: «Dies alles bin ich.» Als geistige Wesen sind wir veranlagt, uns mit allen Welterscheinungen zuinnerst verbinden zu können. Im Grunde ist jeder von uns, insofern er ein Denk-Wesen ist, bereits auch Alles. Rudolf Steiner spricht in diesem Zusammenhang auch von einer «Totalexistenz des Menschen im Universum», die uns in ihrer Reichweite zunächst jedoch nicht bewußt ist. Jedes Erkennen der Welt enthüllt aber gleichzeitig auch etwas von dieser eigenen Universalität.

Die Frage der Moral

Die veranlagte Universalität unseres Ich hat nicht nur für Fragen der Selbsterkenntnis entscheidende Bedeutung, sondern öffnet auch dem ethischen Denken überraschende Ausblicke. Die Ethik unserer Zeit ist vor allem damit beschäftigt, einen neuen allgemeingültigen Grund für moralisches Verhalten zu finden, nachdem die alten Normen und Überzeugungen brüchig geworden sind. Die zunehmende Individualisierung der Menschen läßt es jedoch fast aussichtslos erscheinen, heute noch eine verbindliche Basis für Ethik finden zu wollen. Eine immer einflußreicher werdende Strömung der Ethik, die Nützlichkeitsethik oder auch Utilitarismus genannt, ist denn auch der Überzeugung, letzten Endes könne nur auf den menschlichen Eigennutz als verläßlichen Beweggrund ethischen Handelns zurückgegriffen werden: ich schone die Umwelt, weil auch mein eigenes Überleben von einer intakten Natur abhängt; ich lasse meinen Nachbarn in Frieden, weil auch ich gern in Frieden gelassen werden möchte. Die Radikalität, mit der solche Ansätze die überkommenen Moralvorstellungen aus der Religion oder Pflichtethik ablehnen, wirkt zwar zunächst dem Zeitalter des Individualismus angemessen. Indessen sollte nicht übersehen werden, wie diese «Befreiung» doch nur bis zu einer recht banalen Ethik kommt, die dem Menschen eigentlich nur die primitivsten, frühevolutiven Beweggründe zutraut – den «Überlebenswillen» nämlich. Sie hat außerdem eine oft nicht bemerkte Schattenseite: Zum Konzept dieser Ethik der Interessenwahrung aus Eigennutz gehört, daß zu ihrem Geltungsbereich nur zählt, wer ein Bewußtsein seiner Interessen hat. Wer indessen – wie etwa geistig behinderte oder eingeschränkte Menschen, ungeborene und Kleinstkinder – kein Bewußtsein seiner Interessen entwickeln oder artikulieren kann, bei dem soll es auch keinen Sinn machen, auf solche Interessen Rücksicht zu nehmen. Was sich als Nützlichkeitsdenken oft sehr «vernünftig» präsentiert, zeigt sich so bei konsequentem Nachfragen als Chauvinismus im rationalen Gewand.

Die im vorangehenden gewonnene Sicht der menschlichen Totalexistenz führt hier zu ganz anderen Ergebnissen. Auch sie läßt die äußere normative Ethik hinter sich, klebt aber nicht am eigennützigen «Überlebenwollen» als einzigem Antrieb der moralischen Selbstüberlistung, sondern entdeckt wirklich individuelle Perspektiven des Handelns.

Nehmen wir als Beispiel die Hilfe für einen in Not geratenen Menschen. Auf der Basis der Nützlichkeitsethik geschieht solche Hilfe nur in der Hoffnung auf Gegenseitigkeit, das heißt, ich hoffe, einmal selbst in Not geraten, ebenfalls Hilfe in Anspruch nehmen zu können. Wenn ich dagegen mein Ich im lebendigen Denken verankert weiß, brauche ich diesen Umweg über den Eigennutz nicht: ich fühle mich von der Not des anderen unmittelbar angesprochen, weil ich mich in ihm selbst erkenne. Aber nicht etwa mich selbst, insofern auch ich mich als potentiell Hilfsbedürftigen einschätze, sondern mich selbst als ein allfähiges Wesen, das im Mitmenschen eine andere Möglichkeit meiner selbst erkennt. Insofern ich den anderen erkenne, ist er tatsächlich auch Teil von mir. Diese reale Verbindung ist der eigentliche Grund von Verantwortung, die der große Ethiker Hans Jonas deshalb auch zu Recht in seinem Werk «Das Prinzip Verantwortung» zum Leitprinzip einer neuen Ethik erhob. Es ist primär die Verantwortung gegenüber der eigenen wahren Existenz. Dieses «Prinzip Verantwortung» wahrzunehmen, ist deshalb keineswegs eine auferlegte «Pflicht», sondern die Chance, die schon immer veranlagte Weite meines Wesens ein Stück weiter zu realisieren. Darin liegt wahrer Eigennutz und echter Egoismus!

Schon in den *Zehn Geboten* der Bibel gehört das Tötungsverbot (eigentlich: das Verbot zu morden) zum Kernbestand der Ethik. An dieser zentralen Frage muß sich die Tragfähigkeit ethischen Denkens immer wieder beweisen. Die Nützlichkeitsethik nimmt an, daß der Grund, der mich von der willkürlichen Tötung eines anderen Menschen abhält, entweder in der Furcht vor einem ähnlichen Schicksal bei mir selbst oder in der Projektion meiner selbst in den anderen liegt. In Wahrheit ist die im Utilitarismus so beliebte Frage, warum ich den anderen eigentlich nicht umbringe, reichlich absurd, weil ich im anderen unmittelbar mich selbst erkenne und es kontraintuitiv wäre, wenn ich mich um diese Dimension meines Daseins selbst beraubte. – Ähnliches gilt für den Umgang mit der Natur. Auch in dem Tier, dessen Lebensbedingungen ich respektiere, der seltenen Pflanze, die ich in ihrer natürlichen Umgebung schone, oder in dem Baum, den ich pflege, damit sich sein Wesen ausdrucksvoll entfalten kann, weiß ich einen Teil meiner selbst. Ich kümmere mich um ihn, weil es mich im Einssein mit der Welt «weiterbringt». Je bewußter das Handeln mit dieser Universalität des Erkennens übereinstimmt, desto «ethischer» wird es. Damit kann jetzt auch eine Antwort auf die heikle und mittlerweile meist nur noch belächelte Frage gegeben werden, was eigentlich «gutes» Handeln sei, nach dem ja die Ethik fragt. Richtig ist: Was im einzelnen Fall «gut» oder «böse» ist, liegt nirgends festgeschrieben vor. Aber als «böse» stellt sich ein Handeln heraus, das mich nicht erweitert, sondern vom Allzusammenhang noch weiter abtrennt, als ich es ohnehin schon bin. Eine Handlung *wird* dagegen gut, wenn sie im angedeuteten Sinne die Allfähigkeit meiner Individualität ein Stück weiter verwirklicht. «Gutes» Handeln bedeutet Handeln, das mich um das vervollständigt, was ich der Anlage nach immer schon selbst bin. Diese Vervollständigung kann so weit reichen, wie der Zusammenhang des Denkens reicht. Im Ziel und im Wesen dieser Vervollständigung stimmen deshalb alle Individualitäten überein.

Geist, Körper, Seele

Die vorangegangenen Überlegungen galten dem Ziel einer Konzentration auf das geistige Zentrum des Menschen. Nun ist der Mensch aber nicht allein geistiges Ichwesen. Er hat eine stoffliche Dimension, die ihm nicht nur äußerlich ist, sondern wesentlich zum Menschen gehört. Denn seine Ichhaftigkeit kann der Mensch nur in der Auseinandersetzung mit einer Leiblichkeit verwirklichen. Menschlichkeit in ihrer ganzen Spannweite von Erkenntnis und Expressivität ist ohne Leiblichkeit nicht denkbar. Ohne Leiblichkeit könnte es keine Entwicklung individueller Geistigkeit geben.

Unsere Zeit neigt dazu, als das einzig Reale den Körper des Menschen und seine biologischen Funktionen zu sehen. Deshalb ist die radikale Umkehrung verständlich, die sich demgegenüber aus einer spirituellen Sicht des Menschen ergibt. Aus dem Bewußtwerden der eigenen Geistigkeit relativiert sich die Vorrangstellung des Körperlichen. Der Leib erscheint als Schauplatz, als «Hülle» für den menschlichen Geist.

Die dem Ich zunächst liegende «Hülle» besteht aus seelischer Substanz, aus Gefühlen, Seeleneigenschaften, die von bewußten Gesten wie Freundlichkeit oder Mißfallen bis hin zu tief unbewußten Anlagen reichen, in die das Ich nur schwer hineinreicht. Insofern man es hier nicht allein mit zeitweilig auftretenden Erscheinungen, sondern einem uns ständig umgebenden Geflecht von Kräften zu tun hat, ist hier auch der Ausdruck «Seelenleib» gerechtfertigt.

Die seelische Konstitution eines Menschen hängt mit seiner leiblichen Seite zusammen, ohne von dieser ausschließlich verursacht zu sein. Mentale Qualitäten korrespondieren mit bestimmten physiologischen Eigenschaften. Beim Zusammenhang von Atem- und Blutzirkulation mit dem menschlichen Gefühlsleben wird der Bedingungszusammenhang von Leib und Seele sehr deutlich. Hier liegt ein Übergang zwischen psychischer und physischer Wesensschicht.

Noch weiter unbewußt wirken Kräfte in uns, die den physischen Organismus überhaupt am Leben erhalten. In den letzten Jahren hat der Biologe Rupert Sheldrake («Das schöpferische Universum») die Theorie der «morphogenetischen Felder» entwickelt, der entsprechend alle Erscheinungen des Lebendigen von selbst nicht physisch erscheinenden Kraftsystemen strukturiert werden. Diese hinter allem Lebendigen stehenden Lebensenergien machen in der menschlichen Wesenheit auch viele mentale Vollzüge erst möglich. Das Erinnerungsvermögen stützt sich beispielsweise auf diese Energien. Insofern diese den physischen Körper umgeben und als ein organisiertes Ganzes durchdringen, bezeichnet man in der Esoterik diese Schicht auch als «Lebensleib» des Menschen.

Es liegt nahe, sich das Verhältnis dieser verschiedenen «Leiber» zum menschlichen Geist als Verhältnis des Subjektes zu einem «Instrument» vorzustellen. Die Prozesse der Individuation im Spannungsfeld von Geist und Leib sind aber viel subtiler, als daß sie die grobe Metapher vom Leib als «Werkzeug» des Geistes erfassen könnte. Der Leib des Menschen stellt durch alle Wesensschichten hindurch bis zur äußeren Körperlichkeit einen *Ausdruck* der geistigen Individualität dar. Bei einem werkzeugähnlichen Verhältnis wäre der Leib eines Menschen austauschbar. Gentechnik und moderne Ersatzteilmedizin sehen den Menschen auch so. Sie übersehen, daß das Prinzip der Individualität gerade auch den am Geist gebildeten Leib umfaßt und in ihm zum Ausdruck kommt. Man kann deshalb auch – wie Steiner in den «Anthroposophischen Leitsätzen» – von der «Bild-Natur» des Menschen sprechen, insofern hier – vergleichbar einem Gemälde – eine Ganzheit vorliegt, in der Materielles und Spirituelles in einer Leib-Seele-Geist-Einheit verbunden sind.

Zum Weiterlesen:

Rudolf Steiner: Theosophie, Kapitel «Das Wesen des Menschen». – Grundlegender Einführungstext zur anthroposophischen Menschenkunde.

Mathias Wais: Ich bin, der ich werden könnte (1995). – Eine Vergewisserung über den menschlichen Wesenskern im Zusammenhang mit der «Biographiearbeit».

5. Wiederverkörperung – Werden des Einmaligen

Jeder Mensch ist bis in seine Leiblichkeit hinein einzigartig und unersetzlich.

Anknüpfend an lange zurückreichende religiöse und philosophische Entwicklungen, wird diese Erkenntnis in den vergangenen zweihundert Jahren zunehmend auch im rechtlichen Bewußtsein verankert und bildet heute eine wesentliche Grundlage allen sozialen Lebens. Die Idee der Menschenrechte ist ein weithin sichtbarer Ausdruck der Würde der Individualität, deren Wurzeln viel tiefer verankert sind, als die politische Dimension dieses Themas meist zu sehen erlaubt.

Etwa seit der gleichen Zeit, da sich die Würde der Individualität in Gestalt der Menschenrechte niederzuschlagen beginnt, kommt (zunächst in Europa und anfangs kaum beachtet) auch die Idee zu Bewußtsein, daß die menschliche Existenz in erweiterter Perspektive gewissermaßen nur ein «Beispiel» einer übergreifenden Person-Einheit darstellen könnte, die sich in einer Folge von Individualexistenzen verwirklicht. Im vorangehenden Abschnitt wurde gezeigt, wie das Ich als ein rein geistiges Gebilde begriffen werden kann, das sich in der Auseinandersetzung mit der Welt als Individualität entwickelt. Damit ist bereits die wichtige Voraussetzung gewonnen, daß das Ich selbst nicht aus physischen Faktoren abgeleitet sein kann. Wäre es nun möglich, daß dieses Ich nicht nur einmal in verleiblichter Form auftritt, sondern in einer Reihe von Verkörperungen immer neue, weitergehende Erfahrungen macht? Um diese Frage zu beurteilen, kommt es darauf an, zu klären, was die Tatsache der Verkörperung für das Ich eigentlich genau bedeutet.

Der Gedanke der wiederholten Erdenleben des Menschen trat in der Geistesgeschichte Europas zunächst als eine Hypothese auf, und zwar offenbar als Folge des Nachdenkens eines Menschen, der selbst zu den Repräsentanten eines ausgeprägten Individualismus zählt: Lessing sprach es gegen Ende des 18. Jahrhunderts als erster in seiner Schrift *Die Erziehung des Menschengeschlechts* systematisch begründet aus: in einem Leben ist nicht alles zu lernen, nicht alles mitzunehmen, was sich eine Individualität aneignen kann. Warum soll ich also nicht öfter wiederkommen und beispielsweise die grundverschiedenen Prägungen der großen Weltreligionen auf mich wirken lassen, die unterschiedlichsten kulturellen Umgebungen, damit die jeweiligen Einseitigkeiten eines Lebens ausgeglichen werden? Im letzten Drittel des 19. Jahrhunderts griff der Philosoph Gideon Spicker diesen Gedanken auf und meinte – ohne selbst dem großen Aufklärer dabei ganz zu folgen – in seinem Werk «Lessings Weltanschauung», daß es in der Tat eine grausame Inkonsequenz auch der konfessionellen Jenseitsvorstellungen sei, wenn der menschlichen Individualität mit dem Tod eine ewige Grenze gesetzt wäre. Der christliche Glaube kannte bis dahin nur ewigen Lohn oder ewige Strafe als Früchte der irdischen Existenz. Beides schien sowohl Lessing als auch Spicker widersinnig und entwicklungsfeindlich. Der Gedanke der Wiederverkörperung erscheint in dieser Perspektive als eine konsequente Steigerung des Individualitätsprinzips.

In der auf Lessing folgenden Zeit fiel dann allerdings nach und nach der metaphysische Rahmen weg, ohne den die Reinkarnationsidee in der Luft hängt: sowohl die Vorstellungen eines geistigen Ichkerns als auch einer geistigen Welt, in der das Ich zwischen den Inkarnationen existiert, wurden immer blasser. Auch andere Verständnishindernisse stehen dieser Idee entgegen. Zunächst einmal widerspricht der Augenschein dieser Auffassung. Was einen Menschen ausmacht, seine Erscheinung, sein Gesicht, sein Verhalten, all das wirkt so untrennbar verbunden mit seiner physischen Existenz, daß gar nicht recht klar ist, was davon «wiederkommen» soll, wenn diese eine, besondere Ausprägung nicht mehr existiert. Schnell ist da die Karikatur eines Seelenwanderungsglaubens bei der Hand, der womöglich sogar von einer Wiedergeburt in Gestalt von Tieren spricht. Mitunter wird auch in einfachen Analogieschlüssen vom Metamorphosenprinzip bei den Pflanzen, wo die «Idee» der Pflanze verschiedene Erscheinungsstufen in verwandelter Form durchmacht, auf den Menschen geschlossen – aber so einfach ist es nun doch nicht. Vor allem tritt im Unterschied zum Pflanzenreich sofort die Frage auf: als Menschen sind wir doch mit Bewußtsein dabei – und warum wissen wir also nichts von unseren früheren Leben?

Ein weiterer Einwand führt ins Feld, mit der Reinkarnationsidee sei eine Vernachlässigung der menschlichen Leibhaftigkeit verknüpft. Der Gedanke mehrerer Erdenleben führe zu einer Relativierung der einzelnen Biographie und zu einem Verlust der Verantwortlichkeit im Hier und Jetzt. Es könne der Eindruck entstehen, daß es auf das moralische Verhalten nicht so sehr ankomme, wenn Vergehen aus dem einen Leben in einem anderen wieder ausgeglichen werden könnten.

Solche Bedenken sind durchaus berechtigt. In manchen mehr populären Darstellungen von Reinkarnation wechseln tatsächlich die menschlichen Wesenskerne die Leiber wie ihre Kleidungsstücke. Wenn die Idee der Wiederverkörperung zu oberflächlich ergriffen wird, drohen dabei die Früchte der Individualisierung verlorenzugehen, die nur unter dem Eindruck der Einmaligkeit des Lebens reifen können. Schaut man aber genauer hin, dann wird der Grad der Verantwortlichkeit durch die Perspektive der Reinkarnation nicht geringer, sondern größer. Es geht ja darum, die Bedeutung der Leibhaftigkeit für das *Werden der Einmaligkeit* in einer Folge von Verkörperungen noch tiefer zu erkennen.

Gehen wir von dem letztgenannten Einwand aus, der eine Vernachlässigung der leiblichen Seite des Menschen befürchtet, dann kommt alles darauf an, ob man den Gedanken fassen kann, daß der Aufbau des ganzen Menschen *nicht* «von unten nach oben», sondern «von oben nach unten» verläuft. Der ganze Mensch ist von dem Ich durchdrungen. Also: nicht eine rein biologische Menschwerdung vom (angeblich noch geistlosen) Embryo an bestimmt das später erst auftretende Geistige des Menschen, sondern das Geistige, das seinem *Wesen nach* nicht aus diesem Physischen bewirkt sein kann, baut die menschliche Erscheinung mit auf. Kann man die gesamte Erscheinung des Menschen in seinem «Bild-Charakter» als ein Ausdrucksgeschehen des höheren Ich verstehen, dann knüpfen sich weitere Fragen an. Innerhalb seines Leibes macht das menschliche Wesenszentrum Erfahrungen, gewinnt Erkenntnisse, macht seelische Erlebnisse durch, entwickelt Gewohnheiten. Die Auseinandersetzungen des Ich mit der Welt und seinem eigenen Leib hinterlassen bis in die organischen Grundlagen hinein Spuren. Umgekehrt ist unmittelbar einleuchtend, daß auch das Ich sich durch diese Auseinandersetzungen modifiziert. In gewisser Weise ist das Ich nichts anderes als das Geist-Konzentrat dieser Lebenserfahrungen. So wird aus dem allgemeinen Ich-Prinzip, dem allgemeinen Vermögen des Selbsthaften, immer mehr ein konkretes, durchlebtes Menschen-Ich.

So gesehen fragt sich angesichts des Lebensendes, ob dieses individueller gewordene Ich tatsächlich mit dem Tod ein vollständiges Endstadium erreicht.

Am anderen Tor des Lebens, der Geburt, wird dieser Frage eine Antwort gewiesen. Schon die Neugeborenen zeigen ja in Leiblichkeit und Verhalten große Unterschiede. Bereits im frühesten Kleinkindalter differenzieren sie sich in unterschiedlichste Anlagen, selbst bei Zwillingen und Geschwisterkindern und selbst unter Abzug geschlechts- oder familienbedingter Eigenheiten. Das eine Kind neigt zum Handwerklichen, das andere mehr zum Musischen. Beginnt nicht jeder Mensch seinen Weg schon mit ganz eigenen Anlagen? Ist er nicht Individualität von Beginn an?

Hier ist der Einwand möglich, daß die individuellen Verschiedenheiten zwar vorhanden seien, aber von der bei jedem Menschen (durch zufällige Kombination des Erbmaterials) erzeugten genetischen Einzigartigkeit herrühre. Daß der Mensch *auch* auf genetischer und leiblicher Ebene einzigartig ist, muß gar nicht verwundern. Die Verwechslung, daß sich aus der leiblichen Beschaffenheit die Individualität, also die Ich-Eigenheit des Menschen, erklären läßt, wird sich jedoch um so weniger einstellen, je mehr man aus der eigenen Erfahrung beurteilen lernt, wie die Ich-Modifizierung in der Auseinandersetzung mit dem Physischen erst entsteht, aber niemals unmittelbar davon *verursacht* sein kann.

Zwei gedankliche «Bausteine» sind nötig, um das Prinzip der Wiederverkörperung zu erfassen: Das Wesen des Ich ist nur intuitiv zu erfassen. Und: Für die Entwicklung des menschlichen Ichwesens ist die Verbindung mit der Leibhaftigkeit notwendig. Das Leiblich-Sein, also die physische Begrenzung des Menschen durch seinen Sinnesorganismus und seine damit mögliche Auseinandersetzung mit äußeren Wahrnehmungen, ist die wesentliche Bedingung des Bewußtwerdens und jeder Gestaltung seines Ich. Beide Bausteine verbinden sich in einem neu gesättigten Begriff der menschlichen *Fähigkeiten*. Fähigkeiten sind die Farben des Ich, die Früchte seiner biographischen Taten und Leiden. Viele Fähigkeiten eignen wir uns im Laufe der Kindheit und der Jugend an, manche davon unwillkürlich, manche bewußt. Auch als Erwachsene können wir unseren Fähigkeitenschatz immer noch erweitern. Einige Fähigkeiten aber bringen wir bereits von Geburt an mit. Hier gilt es zu unterscheiden, was von diesen Fähigkeiten wiederum aus einem Vererbungszusammenhang erklärbar ist und was einen individuellen Einschlag zeigt. Auf diese als individuell zu charakterisierenden Fähigkeiten kommt es hier an. Wenn nun die menschliche Individualität, die Ichhaftigkeit, zum einen nur in der Auseinandersetzung mit einer Leiblichkeit entstehen kann, zum anderen aber Hinweise auf individuelle Fähigkeiten schon von Geburt an bemerkbar sind, dann folgt daraus, daß der Mensch mit der Geburt nicht als «unbeschriebenes Blatt», also nicht zum ersten Mal zur Welt kommt.

Zum Weiterlesen:

Emil Bock: Wiederholte Erdenleben. Die Wiederverkörperungsidee in der deutschen Geistesgeschichte (1952). – Wie der Untertitel sagt, zeigt der Autor eine überraschende Fülle an Frühformen des Reinkarnationsgedankens in den vergangenen zweihundert Jahren auf.

Rudolf Steiner: Theosophie, Kapitel: Wiederverkörperung des Geistes und Schicksal. – Eine gedankliche Begründung der Wiederverkörperungsidee und eine systematische Erläuterung des Prinzips des Schicksals (Karma).

Herbert Witzenmann: Vererbung und Wiederverkörperung des Geistes (1973). – In diesem Buch ist die oben skizzierte Herleitung der Reinkarnation aus der Untersuchung des Wesens menschlicher Fähigkeiten genauer dargestellt.

Nothart Rohlfs (Hg.): Wie wir wurden, wer wir sind. Kontroverse Sichtweisen zur Frage von Reinkarnation und Karma (1999). – Das Buch will die aktuelle Diskussion des Themas aus verschiedenen Perspektiven aufgreifen. Mit Beiträgen auch aus außer-anthroposophischer Sicht.

6. Schicksal – den Geist im Leben finden

Für viele Menschen ist es ein «offenes Geheimnis», daß Säuglinge in der Zeit unmittelbar nach der Geburt eine seltsame Ähnlichkeit mit sehr alten Menschen haben. Dieses Phänomen ist sicher nicht allein durch die noch runzlige Haut der Neugeborenen zu erklären, die an die faltendurchfurchten Züge der Alten erinnern. Ganz jung und ganz alt – wie paßt das zusammen? Kommt uns aus diesen schon so wachen Augen (deren Präsenz oft dann in den ersten Lebenswochen wieder träumerisch zurückgeht) nicht eine Aufmerksamkeit entgegen, die reifer und wesensvoller erscheint, als es die wenigen Lebensminuten erklären könnten?

Tatsächlich hat der Gedanke eine Schlüssigkeit, daß auch über das *eine* Leben hinaus eine Verbindung von Geist und Leib bestehen bleibt. Denn die Gestalt des Ich war ja auf eine entsprechende Leiblichkeit und eine entsprechende äußere Umgebung genau bezogen. Aus der Selbstbeobachtung kann man wissen, wie sehr die eigene Leiblichkeit (im erweiterten Sinne die leiblich-seelische Konstitution) und die biographische Umgebung sowohl Ausdruck des eigenen Ich sind, andererseits aber auch das eigene Ich-Sein prägen. Insofern ist es naheliegend, daß das Ich bei seiner weiteren Entwicklung wieder eine Leiblichkeit annimmt und eine Umgebung aufsucht, die ihm entspricht.

Diese Beziehung von Ich und Leib beziehungsweise Umgebung setzt sich allerdings in einem nächsten Erdenleben nicht einfach in gleicher Weise fort. Zwar gibt es Kontinuität, aber auch Verwandlungen in der Reinkarnationen übergreifenden Biographie. Diese Verwandlungen sind ein Hinweis auf die großen Prozesse, die in der Zeit zwischen zwei Verkörperungen durchgemacht werden. Sie sind durch den übergeordneten Gedanken verständlich, daß jeder Mensch mit dem ganzen Kosmos zusammenhängt. Alle unsere Gedanken, Empfindungen und Handlungen sind in ein Gefüge höherer geistiger Ordnungen eingebettet, die uns zumeist als solche gar nicht zu Bewußtsein kommen; die geistigen Strukturen der Sprache, der Kultur und der Zeitstimmung sind wesentliche solche Dimensionen, die sich mit den Menschen mitverändern. Als natürliches und als geistiges Wesen steht jeder Mensch in den Kraftströmungen der Welt drinnen, wird von ihnen geprägt, er verändert sie aber auch und hinterläßt so seine Spuren. Das gilt im kleinen wie im großen.

Wir haben dabei normalerweise ein viel stärkeres Bewußtsein für die Veränderungen, die mit uns selbst vorgehen, weil wir frühere Zustände an uns durch die Erinnerung ein Stück weit festhalten können. Die von uns verursachten Veränderungen in der Welt entziehen sich leicht unserem Blick, sind auch in ihren tatsächlichen Auswirkungen gar nicht ohne weiteres zu überschauen. Wer irgendwo im Grünen Altöl deponiert, hat vielleicht insgeheim ein schlechtes Gewissen dabei und hofft, nicht ertappt zu werden. Daß die Folgen dieser Handlung aber, auch wenn sie niemand bemerkt, auf ihn zurückkommen könnten, wird er zunächst nicht annehmen. Die Folgen unseres Verhaltens scheinen, sofern sie nicht *unmittelbare* Folgen haben, sich eher ins Ungreifbare aufzulösen.

Manchmal allerdings werden wir im Leben von Ereignissen heimgesucht, die zwar einen sehr starken Einfluß auf uns ausüben, bei denen uns aber die Herkunft überhaupt nicht deutlich ist. Sie scheinen uns aus heiterem Himmel zu ereilen. Nur selten haben wir dabei den Eindruck, daß sie uns selbst berühren. Meist ist die erste Reaktion: «Warum passiert das ausgerechnet mir?» Das gilt beispielsweise für Unglücke ebenso wie für scheinbare Banalitäten. Zu letzterem ein Beispiel: Der Schriftsteller Paul Auster erzählt in seinem «Roten Notizbuch», wie er in seinem Leben insgesamt viermal eine Reifenpanne hatte und dabei zufällig immer mit dem selben Menschen (mit dem er im übrigen außerhalb dieser Situationen praktisch nichts zu tun hatte) im Wagen war. Vor dem Antritt der vierten Fahrt ahnte er schon, daß «es» wieder passieren würde. Und so kam es dann auch. Auster interpretiert dieses denkwürdige Zusammentreffen als «Zeichen eines unfaßlichen Fluchs», der auf dieser Beziehung lag. Kann so etwas Zufall sein?

Viele solcher vermeintlichen «Zufälle» jedenfalls wirken inhaltlich bedeutungslos, so daß sie kaum bemerkt und schnell vergessen werden. Man gibt sich nicht mit ihnen ab. Rätselhaft bleiben sie doch. – Andere «Zufälle» hingegen, seien sie mehr glücklich oder mehr tragisch, können zu einschneidenden Lebensveränderungen führen. Es ist nicht ungerechtfertigt, wenn man hier auch umgangssprachlich von «Fingerzeigen des Schicksals» oder «Schicksalsschlägen» spricht. Man denke etwa daran, wie eine Krankheit oder der Verlust nahestehender Menschen im Leben oft zu vollständigen Kursänderungen führt. Aber es gibt auch «harmlosere» Phänomene. «Zufällig» fällt der Blick beim Gang durch eine Buchhandlung auf einen Titel, dessen Inhalt das ganze weitere Leben verändern wird. Auch lebensentscheidende Begegnungen zwischen Menschen finden oft unter «zufälligen» Umständen statt. Denken wir nur daran, wie – objektiv betrachtet – «unwahrscheinlich» manche Begegnungen zustande kommen, aus denen dann lebenslange Partnerschaften werden. Welche Verkettung von Ereignissen war notwendig, damit dieser eine Mensch in unser Leben trat – den wir uns nun gar nicht mehr wegdenken können. Begegnungen beim Autostopp, bei Veranstaltungen, die man eigentlich gar nicht besuchen wollte oder zu denen man eigentlich aus ganz anderen, nebensächlichen Gründen mitging – wer kennt das nicht oder hätte nicht wenigstens im näheren Umkreis davon gehört. Unser ganzes Leben ist von solchen «unsichtbaren» Verknüpfungen durchzogen, und wer aufmerksam genug ist, bemerkt, daß wir sogar bis in alltägliche Verrichtungen hinein wesentliche Teile unseres Lebensverlaufes solchen im Kern rätselhaften Faktoren verdanken.

Oft kommt uns etwas auf Anhieb vertraut vor, oder wir finden zu einem Thema einen unmittelbaren Zugang, obwohl wir uns nie zuvor damit beschäftigt haben. Manchmal wirken auch Ereignisse wie «arrangiert», um uns auf etwas Besonderes aufmerksam zu machen. Zum Beispiel haben wir uns mit einer Frage beschäftigt, und wir geraten dann in eine Situation, wo uns jemand unverhofft einen Hinweis gibt. Wir denken dann: merkwürdig, daß ich mich gerade mit diesem Thema befasse. Es ist, als kämen wir uns selbst aus der Realität entgegen. Bestimmte Bereiche der Wirklichkeit wirken auf uns – ohne daß innerhalb unserer Biographie schon eine Berührung damit stattgefunden hätte – so, als wären sie persönlich für uns bestimmt. Der – übrigens mit der Anthroposophie bekannte – jüdische Autor und Gelehrte Schalom Ben-

Chorin erzählt in seinen Erinnerungen «Jugend an der Isar», wie er, in einer vollkommen liberalisierten Familie geboren, als kleines Kind eine ihm selbst unerklärliche Neigung zu Habitus und Ritus jüdisch-orthodoxer Frömmigkeit bemerkte: «War ich in eine andere Existenz, in ein früheres Erdenleben zurückgekehrt? Sicher dachte der Sechsjährige nicht in diesen Kategorien, aber das Mysterium der Wiedergeburt weht die kindliche Seele an, ehe sich der kritische Verstand damit auseinandersetzen kann.»

Wenn man sich angesichts solcher Phänomene noch einmal die gedankliche Erfahrung des Ich und seiner Entwicklung im Leibe vergegenwärtigt, dann läßt sich hier der Begriff des *Schicksals (Karma)* unmittelbar anschließen. Um in einer schlüssigen Form von Schicksal zu reden, muß man nur den Gedanken fassen können, daß unser Ich auf seinem Entwicklungsweg mit seinen Vollzügen permanent in die Kräfte der geistigen und der physischen Welt verflochten ist. Unser Denken reicht ja in die Dinge hinein. Deshalb hinterläßt alles Handeln seine Wirkungen in der Welt. Dieser Kräftestrom fließt weiter, auch über jene Zeiträume hinweg, in denen wir nicht verkörpert sind. Die Frage, wie der einzelne wieder zu seinem Schicksal findet, ist hier konkret nicht zu beantworten. Allgemein läßt sich aber sagen, daß die Folgewirkungen meiner Handlungen (und Unterlassungen) mit einer Geschlossenheit ähnlich einem Naturgesetz wieder auf mich zukommen. Was uns als Gegenwart begegnet, enthält daher immer auch unsere Vergangenheit. Wie das jedoch im einzelnen genau geschieht, ist kaum in rein kausalen Kategorien zu fassen. Wir handeln, reagieren, versäumen etwas, und schon sind wieder neue Folgen entstanden, die sich von uns entfernen und, ebenfalls verwandelt, einmal wieder auf uns zurückkommen werden. An diesem Übergang zwischen Vergangenheit und Zukunft stehen wir in jedem wachen Augenblick.

Notwendigkeit und Freiheit

Auf dieser Nahtstelle lebend, sind wir jedoch keineswegs Automaten des Schicksals, die lediglich entsprechend den gewordenen Vorgaben mechanisch reagieren könnten. Abgesehen davon, daß wir in der Regel auch gar nicht sicher wissen können, ob es sich nun bei einem

Ereignis um die Folge aus der Vergangenheit handelt oder um etwas, in dem sich Zukünftiges vorbereitet, stehen wir als gegenwärtig Handelnde in freier Verantwortung vor jeder neuen Herausforderung. De facto können wir in jeder Situation unbefangen, ohne Voraussetzungen reagieren, ist also der Horizont nach vorn vollständig offen. Immer erst im nachhinein können wir oft (längst nicht immer!) gewisse «Notwendigkeiten» für uns konstatieren und manchmal mehr und manchmal weniger gut annehmen, daß manches wohl so kommen mußte, wie es dann auch gekommen ist. Das Gefühl einer Notwendigkeit oder Stimmigkeit für bestimmte Ereignisse in unserer Biographie bedeutet übrigens nicht, daß dies mit Passivität oder einem bloßen Abwarten einhergehen muß. Im Gegenteil sieht man im Rückblick oft, daß in solchen Konstellationen das «Entgegenkommen» des ganz «irdischen» Willens, also die Bemühung im Hier und Jetzt, nötig ist, damit sich insgesamt etwas vollziehen kann, was mehr Weisheit verrät als die «irdische» Perspektive allein.

Nicht für alles, was uns begegnet, gilt, daß es mit «Notwendigkeit» so kommen mußte. Alles hätte vielleicht auch anders kommen können, wenn tatsächlich schon in dem Moment, da der freie Entschluß gefragt war, dieser auch verfügbar gewesen wäre, oder wenn anstelle des eher kurzfristig und zeitlich begrenzt operierenden Verstandes weitblickende Weisheit agiert hätte – dann aber wäre aktuelle Handlungskompetenz nötig gewesen und nicht die erst nachträgliche, eben ganz anders gewonnene, reflexiv gereifte Erfahrung. Das ist auch der Grund dafür, warum es so schwer ist, «Lehren aus der Geschichte» zu ziehen, denn jede Generation ist wieder neu mit konkreten Prüfungen konfrontiert und kann nur bedingt aus den Erfahrungen vorangegangener schöpfen. Der Volksmund betont mit dem gleichen Recht die Tatsache, daß guter Rat teuer ist (aktuelle, so für den Handelnden noch nie dagewesene Herausforderung) wie die scheinbar banale Weisheit, daß man hinterher (nach der durch die Wirklichkeit gegangenen und daran gemessenen Handlung) immer klüger ist.

Thornton Wilder vergleicht in seinem Roman «Der achte Schöpfungstag» einmal den menschlichen Lebenslauf mit dem Muster eines handwerklich geknüpften Teppichs: davon sehen wir aus der «Ameisenperspektive» nur die Unterseite, ein Gewirr von Fäden, das keinen Sinn zu haben scheint. Nur auf der Oberseite betrachtet, ergibt sich daraus ein sinnvolles Muster. Ein solches Muster würden wir oft gern da überschauen, wo wir zunächst nur Verwirrung sehen. Doch selbst wenn wir in einer bestimmten Situation mehr über ihren schicksalhaften Entstehungsgrund «wüßten», wäre uns damit noch nicht die gesuchte, «richtige» Entscheidung gegeben. Wir wünschten uns ja angesichts schwieriger Entscheidungen oft, eine objektive «Notwendigkeit» zu kennen – etwa vor der anstehenden Wahl einer Arbeitsstelle. Aber sogar, wenn uns die Schicksalshintergründe offen lägen, wäre es unsere – dadurch mit Sicherheit noch schwerer wiegende – ureigene Verantwortung, was wir daraus für die Zukunft machen. Eine bloße Kausalnotwendigkeit, der man sich überlassen könnte, gibt es nicht. *Notwendig* ist allein, daß die Folgen unseres Verhaltens mit uns verbunden bleiben. Denn es wäre in Wahrheit tief frustrierend und absurd, würden sich diese Folgen völlig von uns ablösen und im Niemandsland der Beliebigkeit verschwinden. Was wir tun, kommt auf uns zurück. Frei sind wir aber in der Art und Qualität, wie wir damit umgehen.

Daß es ein Schicksal gibt, erweist sich derart sogar als eine notwendige Bedingung zur Entwicklung von Freiheit. Der scheinbare Widerspruch, den diese Konstellation bildet, ist die alltägliche Wirklichkeit und die einzige Form, in der Freiheit überhaupt möglich ist. Denn wie sollten wir frei sein, ohne zugleich im umfassenden Sinne Verantwortung zu tragen?

Fast unausweichlich muß an dieser Stelle das Stichwort «Selbsterlösung» fallen – ein Vorwurf gegen Vertreter des Schicksalgedankens, der gerade von theologischer Seite oft wie ein Schimpfwort bemüht wird. Gehen wir diesem Vorwurf nicht aus dem Weg: ja, der Schicksalgedanke impliziert das Prinzip der Selbsterlösung und tritt die Klärung unserer Schuld nicht an andere Instanzen ab. Aber was daran soll eigentlich der Vorwurf sein? Selbständigkeit auf allen Gebieten: im Beruf, in der Erziehung, in der politischen Willensbildung, in Fragen der Lebensgestaltung, ist in unserer Zeit einer der am meisten geachteten Werte. In der Rechtsprechung bildet selbstverständlich die persönliche Schuldfähigkeit und Verantwortung einen zentralen Begriff. Ausgerechnet auf weltanschaulichem Gebiet aber soll es einen Makel darstellen, uns selbst die volle Verantwortlichkeit für unsere moralische Entwicklung zuzuschreiben? Wenn sich hier trotzdem oft ein Unbehagen einstellt, wirkt wohl vor allem noch das im Mittelalter in das kollektive Unbewußte gepflanzte Bild des «sündigen» Menschen mit, der als zu schlecht angesehen wird, als daß er von sich aus der Weiterentwicklung und Erlösung fähig wäre. Sicher hat bei den Verantwortlichen früher auch die Befürchtung mitgespielt, daß die stärkere Betonung des Eigenanteils an der moralischen Entwicklung zu überheblicher Schwärmerei und Selbstüberschätzung führen werde. Wer aber auch heute noch diese Gefahr für so groß hält, daß er den Begriff «Selbsterlösung» als Vorwurf betrachtet, der sollte nur so konsequent sein, auch auf den anderen Gebieten – beispielsweise der politischen Mitbestimmung – Einschränkungen der individuellen Mündigkeit zu fordern. Wir sehen darin jedenfalls etwas, was uns beides einflößt: Ehrfurcht vor dem Rang des Menschen und gleichzeitig Bescheidenheit eingedenk unserer oft beschränkten, realen Möglichkeiten.

Ein anderer Einwand betrifft die Gefahr eines möglichen Fatalismus und bildet damit eigentlich genau das Gegenteil des Selbsterlösungs-Vorwurfs: Die Überzeugung vom Wirken eines Schicksals führe zu einer völligen Passivität, zur bloßen Hinnahme beziehungsweise zur Beschönigung auch schlimmer Ereignisse, die aus höherer Warte «notwendig» seien. In den Bereich solcher Vulgäresoterik gehört beispielsweise auch die Vorstellung vom Schicksal als Form der «Bestrafung», durch die Vergehen aus einem früheren in einem späteren Leben «geahndet» würden, oder umgekehrt in günstig scheinenden Lebensumständen eine Art von Belohnung für Wohlverhalten in einem vergangenen Leben zu sehen. Das Modell der Bestrafung stammt aus den menschlichen Rechtsverhältnissen und ist zur Charakterisierung der Schicksalsdimension nur bedingt geeignet. Strafe wird von einer äußeren Instanz in der Absicht der Besserung verhängt. Im Schicksalswirken gibt es aber niemanden, der solche Absichten hat. Die Ansicht, man selbst sei es, der sich in solchen Bestrafungen aus höherer Warte korrigiert, macht das insgesamt fragliche Belohnungs- bzw. Bestrafungskonzept nicht besser. Schicksal hat allein mit den Weltgesetzmäßigkeiten zu tun, in die der Betroffene in dieser oder jener Weise eingegriffen hat. Die Welt ist nicht so eingerichtet, *damit* ein Mensch, der beispielsweise andere Wesen gequält hat, dafür in einem anderen Leben bestraft wird. Sondern *weil* die Welt so eingerichtet ist, daß der Mensch darin als ein verantwortliches Wesen verflochten ist, erlebt er später diese Folgen in verwandelter Weise als Bedingungen seines eigenen Lebens. Daß das Schicksalswirken auf uns *moralisch* wirkt, bedeutet nicht, daß es von höheren Mächten als Werkzeug moralischer Absichten zur Wirksamkeit gebracht wurde. Hier sitzt man leicht noch einer nicht bewußt gemachten Vorstellung vom alten Mann mit Bart über den Wolken auf, der Befriedigung angesichts der «Bestrafung» empfindet. Erst recht wird es kritisch, wenn jemand sich anmaßt, über seine Mitmenschen aus der Perspektive «karmischer Beurteilung» spricht.

Es gibt ein großes weltgeschichtliches Beispiel dafür, wie unangemessen eine solche quasi-göttliche Richterrolle ist. Im Evangelium wird erzählt, wie Jesus Christus sich zu der legendären Ehebrecherin verhielt, die er durch sein entschiedenes Eintreten vor dem Tod durch Steinigung rettete. Obwohl die Frau nach damals geltendem Recht den Tod «verdient» hatte, kommt aus seinem Mund nicht das geringste Wort der Verurteilung. Statt dessen wird eine Geste vollzogen. Der Erlöser, so heißt es, schreibt etwas in den Sand. Manche sehen darin einen Hinweis auf das Prinzip der Wiederverkörperung: das Verhalten der Ehebrecherin bleibt mit der Erde verbunden und wird seinen Ausgleich finden. Wird damit aber ihre «Bestrafung» nur ins nächste Leben verschoben? Das würde keinen Sinn machen! Nicht auf Vergeltung, sondern auf Ausgleich ist Schicksal angelegt. Selbst Jesus äußert sich nicht dazu, wie dieser Ausgleich genau stattfinden kann und wird. Eines aber ist klar: wenn nicht einmal angesichts eines akut begangenen Vergehens die Rolle eines richtenden «das hast du verdient» auftritt, um wieviel weniger dann, wenn ein Mensch von einem leidvollen Ereignis heimgesucht werden sollte?

Das Beispiel des Evangeliums zeigt, was in jeder Alltagssituation erfahren werden kann: Im Hier und Jetzt, im Angesprochensein als Mitmensch schließt das Prinzip der Verantwortlichkeit es aus, auf die Situation eines «schicksalsgeprüften» Menschen so zu schauen, daß man ihm die «Schuld» für seinen Zustand zuschreibt. Was immer in der Vergangenheit die Ursache war: dies ist *jetzt* Vergangenheit, und jetzt, in diesem Augenblick, bildet sich wieder neues Schicksal – und zwar solches, in dem nun ich selbst als (Mit-)Verantwortlicher angesprochen bin.

Dieser aktuellen Verantwortung werde ich (auch als Urteilender) nicht gerecht, wenn ich auf mögliche vergangene Ursachen blicke.

Die Auffassung des Schicksals im Sinne einer «Selber-Schuld»-Mentalität ist auch aus einem anderen Grund unmöglich: Wenn nämlich Schicksal das Selbst-Zugeschickte meint, dann ist jede *von außen* kommende Schuldzuweisung im Zusammenhang mit dem Schicksalsgedanken ohnehin eine widersinnige Verkehrung dieses Prinzips. Nicht-individuell gewonnene, übernommen-religiöse oder nur schlußfolgernde Elemente vertragen sich nicht mit dem Denken von Wiederverkörperung und Schicksal. Schicksal ist das Eigengesetz des Ich. Im strengen Sinn kann daher nur jeder selbst *erkennen*, was das *von ihm selbst* sich Zugeschickte ist. Es führt ins Abseits, mit «Gesetzen» des Schicksals in Art erlernter Axiome umzugehen. Nur wenn mir innerhalb des eigenen Bewußtseins Zusammenhänge gegenwärtiger Situationen mit eigenem früher Erlebten aufgehen, sind für mich diese Zusammenhänge überhaupt real. Das *erkennende Vollbringen* des Schicksals im eigenen Ich kann (und darf) mir niemand abnehmen. Nur jeder für sich kann realisieren und dann auch akzeptieren, was (ihm selbst auferlegtes!) Schicksal ist. Nur ich selbst kann die – möglicherweise erschütternden – Folgen meines früheren Handelns für mich annehmen und ein auch noch so schweres Schicksal bejahen. Nie aber kann und darf dies jemandem von außen zugemutet werden. Ob eine Krankheit oder der Verlust eines Menschen «mein Schicksal ist», kann ich nur für mich selbst, aber nicht für einen anderen entscheiden.

Anders liegt die Sache, wenn jemand das Ich eines anderen Menschen wie sein eigenes zu erkennen vermag. Eine sich so mit dem Wesen eines anderen austauschende und verbindende Erkenntnispraxis ist eine besondere Form der Liebe. Allein die Liebe ist dann auch in der Lage, die besondere Form der Verantwortung für die Folgen dieser Erkenntnis, die das Schicksal eines anderen Menschen betrifft, auszuüben. Rudolf Steiner war sich bei seinen Äußerungen über das Schicksal geschichtlicher Persönlichkeiten dieser Dimension wohl bewußt.

Der Faktor der menschlichen Freiheit darf in diesem Zusammenhang nie außer acht gelassen werden – denn um ihn geht es ja gerade! Schicksal bedeutet gesetzesartigen Ausgleich, aber doch nie das bloße Wiederherstellen des Gleichgewichtes. Sonst wäre Schicksal eine absurde Wiederholungsfalle. Nehmen wir nur mögliche Verbrechensopfer: der Mensch, der von einem anderen ermordet wird – mußte das wegen eines eigenen Verbrechens in einem früheren Leben so kommen? Wenn das so wäre: ermordet ihn dann zum Ausgleich im nächsten Leben wieder sein diesmaliges Opfer? Und immer so weiter? Eine offensichtlich absurde Vorstellung. Eine besonders perfide Variante dieses Vorstellungsgespinstes bezieht sich auf die Millionen von Juden, die in der Nazizeit umgebracht wurden. Es ist eine ethische und sachliche Unmöglichkeit, diesen Verbrechensakt in irgendeiner Weise als karmisch «selbstverschuldet» hinzustellen–was in allem anthroposophischem Schrifttum auch niemals geschehen ist. Auf diese Weise würde ein fatalistisch verzerrter Schicksalsgedanke als Instrument dumpfer Gefühle mißbraucht und dem Verständnis spiritueller Ideen ungemein geschadet.

Wie leicht die bloße Verstandeskombinatorik im Umgang mit dem Schicksalsgedanken ins Abseits führen kann und wie angebracht hier größtmögliche Sorgfalt im Urteil ist, zeigt auch eine weitere Überlegung im Zusammenhang mit der zeitlichen Verknüpfung von Ursache und Wirkung. Menschliches Verhalten zeichnet sich durch die Möglichkeit aus, sich selbst in der Gegenwart von Motiven zum Handeln zu veranlassen, die erst in der Zukunft liegen. Ich knüpfe heute den Kontakt zu einem Menschen, um ihn für ein erst in drei Jahren stattfindendes Projekt zu gewinnen. Dieses essentiell menschliche Vermögen dürfte erst recht für jene Dimension unseres Ich gelten, wo wir unsere «Tatstrategien» «oberhalb» des kausal-zeitlichen Ablaufs vom Früheren zum Späteren anlegen – also für die Sphäre unserer überbewußten Schicksals-«Planung». So, wie vieles uns Zustoßende allein aus der Sicht *dieses einen* Lebens keinen Sinn macht und erst im Zusammenhang mit Früherem verständlich werden könnte, genau so wird sich vielleicht vieles unverständlich Erscheinende im Blick auf künftige «Projekte» einer Individualität mit Sinn füllen. Rudolf Steiner hat einmal dargestellt, daß die Individualität des großen Religionsstifters Zarathustra zur Vorbereitung auf ihre Aufgabe eine von Behinderung geprägte Biographie durchlaufen hat. Schicksalsereignisse können also ebensogut zukunftswärts ausgerichtet sein.

Die zunächst auftretenden Schwierigkeiten, den Gedanken des Schicksals und der menschlichen Freiheit zusammenzudenken, sind ein

Anzeichen dafür, daß die lange Verborgenheit des Schicksalgedankens im Westen rückblickend durchaus Sinn macht. Erst *nachdem* die Bedeutung individueller Freiheit im Hier und Jetzt und die damit erst mögliche individuelle Verantwortungsethik das menschliche Denken und Verhalten lange geprägt hatte, kann der Gedanke einer persönlichkeitsüberdauernden Individualität auftreten. Aber selbst nach vier bis fünf Jahrhunderten des werdenden Individualismus zeigen die oben angeführten Urteilsverirrungen, welche Macht von der Schicksalsidee ausgeht und wie schwer es ist, sich dieser Idee selbstbewußt und vernünftig gegenüberzustellen. Ebenso wie es Menschen gibt, die Einsteins Überlegungen zur Relativitätstheorie Schicksal als Phantasieanregung für mögliche Zeitreisen interpretieren, ist auch die Reinkarnationsidee etwas, was in seinem Verständnis allen möglichen Formen der Trivialisierung ausgesetzt ist. Wir werden erst lernen müssen, mit diesem Gedanken nicht wie mit einer modischen Idee, sondern in einer fast wissenschaftlichen Genauigkeit umzugehen. Natürlich ist es ein Irrtum, sämtliche Vorgänge des eigenen Lebens oder des Lebens anderer Menschen in der Perspektive zu betrachten: Das hat alles so kommen müssen, es ist eben Schicksal. Gerade das im vorausgehenden beschriebene, viel kompliziertere Verhältnis von Notwendigkeit und Freiheit im Schicksalswirken erlaubt solche Verzerrungen nicht. Schicksal ist nicht Vergeltung, sondern Ausgleich, der aber die Freiheit des Menschen einbezieht und die Möglichkeit des Fortschritts birgt.

Alltags-Ich und höheres Selbst

Wer sich übend mit diesem Thema befaßt, für den zeigt es sich bald, daß die Suche nach dem Ich ihn auf einen Weg führt, auf dem in verwandter Weise auch die großen Mystiker und geistigen Lehrer schon gegangen sind. Der amerikanische Esoterik-Autor James Redfield («Die Prophezeiungen von Celestine») hat in seinen Büchern an die platonische Weisheit erinnert, dergemäß das Ich vor der Geburt eine Vision der Grundzüge des vor ihm liegenden Lebens hat. Es geht mit einem höheren Bewußtsein von dem, was es verwirklichen und verändern will, auf die Erde. Diese vorgeburtliche Perspektive bindet die jeweilige irdische Biographie in größte Entwicklungsdimensionen ein: in die Reihe unserer eigenen Evolution, in die Entwicklung derer, die uns schicksalverbunden sind, aber auch in die Entwicklung der gesamten Menschheit und ihrer Kultur, deren Teil wir sind. Ein deutliches Bild unserer individuellen «Mission», unserer «Sendung» auf Erden, aber auch vieler kleinerer Einzelaufgaben: was wir mit dem einen oder anderen Menschen zusammen aufbauen, was wir ausgleichen, was weiterentwickeln wollen. Jedoch trübt sich unter den Bedingungen der physischen Verkörperung die vorgeburtlich klare Perspektive unserer eigentlichen, selbst gesetzten Aufgaben. Jede Zeit bietet andere Umstände und andere Mittel, mit denen wir arbeiten können. Leicht werden die Mittel wichtiger als der Zweck. Die Bedingungen des Lebens, Arbeit, Beruf, Alltag, die Voraussetzungen also, um wirken zu können, nehmen uns so in Anspruch, daß wir darüber die tiefer liegenden Ziele vergessen. Oder es sind die Randbedingungen einer menschlichen Begegnung (beispielsweise ein Karrierekonflikt am Arbeitsplatz, persönliche Antipathien, Geschlechterkrieg) so aufreibend, daß für das eigentliche Ziel einer gemeinsamen Arbeit gar kein Freiraum bleibt oder dieser erst mühsam erkämpft werden muß – was oft mehr Anstrengung als alles andere verlangt. Vielleicht sind wir in einer Zweierbeziehung permanent mit einem «Krisenmanagement» so sehr beschäftigt, daß wir gar nicht mehr auf die Frage kommen, in welchem weiteren Verhältnis zu diesem Menschen wir stehen, welche Aufgabenstellung sich in dieser Beziehung für uns darstellt. Zu oft verlieren wir uns im Detail. Damit hier kein Mißverständnis aufkommt: Natürlich darf sich das Alltags-Ich nun wegen solcher Überlegungen nicht aus allen «Verstrickungen» herausziehen, Problembeziehungen oder soziale Bezüge einfach abbrechen oder aufgeben, sonst wird geistige Arbeit leicht zu einer abgehobenen und für andere belastenden Angelegenheit. Seine Sorgen und Bedürfnisse müssen ernst genommen werden, aber so, daß darin möglichst immer die weitere Perspektive des Menschheitlichen gesucht wird, das in uns weiterkommen will.

Zum Weiterlesen:

Rüdiger Sachau: Westliche Reinkarnationsvorstellungen (1996). – Wissenschaftlich gehaltene Studie eines protestantischen Theologen, der die besondere Qualität eines westlichen Reinkarnationsverständnisses herausarbeitet. Enthält eine der brauchbarsten Darstellungen der Reinkarnationsidee bei Rudolf Steiner.

James Redfield: Die zehnte Prophezeiung von Celestine (1996). – Literarisch wenig anspruchsvolle, doch originelle und individuelle Form, die Idee der Reinkarnation sehr konkret zu schildern.

7. Menschheitsgeschichte, Individualismus, Weltreligionen

Wie ein Magnet mit seinen zwei Enden ist die geschichtliche Entwicklung der Moderne von zwei Kraftpolen bestimmt: der Individualismus einerseits und die Entstehung einer globalen Weltgemeinschaft andererseits bestimmen unsere Welt. Einerseits sehen wir eine immer stärkere Betonung der Einzelpersönlichkeit bis hin zu Phänomenen der schrillen Absonderlichkeit oder Isolation, andererseits eine so nie dagewesene Verbindung der ganzen Menschheit über räumliche und kulturelle Grenzen hinweg – mit Einschluß der Tendenz zu Vermassung und Vereinheitlichung. Diese Gefahren sind die Begleiterscheinungen einer immer höheren Wertschätzung des *einzelnen Menschen* als eines kreativen Mitgestalters der *ganzen Menschheit*.

Die neue Balance zwischen Individuum und Gemeinschaft hat sich allmählich aus sozialen Zuständen heraus entwickelt, in denen der Einzelne noch weit stärker einseitig durch bestimmte kollektive Vorgaben bestimmt war. Auch heute noch stehen zahlreiche Gruppeninteressen einem freien Austausch der Individuen entgegen: Großmachtambitionen, wirtschaftliches Hegemonialstreben und die Sicherung ideologischer Einflußsphären aller Art sind hier zu nennen. Zu den größten Hemmnissen, die dem Emanzipierungsweg des Individuums heute entgegenstehen, gehören – trotz der hohen Ziele, die sie inhaltlich verfolgen – die Machtstrukturen innerhalb der Weltreligionen. Diese Strukturen setzen bei einer Schwachstelle aller Bekenntnisse an, die der amerikanische Komiker Woody Allen in einem seiner Filme treffend durch die Formulierung charakterisiert, daß die Religionen nur kollektive Formen des Egoismus seien. So wie sie heute bestehen, sind sie Angebote für Identität in Gruppenform.

Dabei tragen die Religionen die Möglichkeit in sich, Bewahrer uralten Weistums zu sein und den Umraum einer wertvollen individuellen

Vertiefung und Pflege eines innerlichen Lebens zu bilden. In ihrer Vielfalt spiegeln sie den geistigen Reichtum der Menschheit, der die ganze Konkretheit des Spirituellen, seine Phantasie und Leidenschaft abbildet. Diese Dimension kommt jedoch durch die Überlagerung von politischem Verhalten innerhalb der organisierten Religionen meist erst gar nicht zum Tragen. Obwohl sich im Laufe des zwanzigsten Jahrhunderts auch viel in Richtung einer friedlichen Annäherung und Koexistenz der Religionen getan hat, ist jeder Blick auf die Weltlage doch ein trauriger Beweis dafür, daß die Identifizierung mit einer bestimmten Religion, sobald sie sich mit machtpolitischen Ambitionen verbindet, heute eines der Hauptübel für ein friedliches und freiheitliches Miteinander der Menschheit geworden ist. In Südosteuropa, im Mittleren und Fernen Osten, zwischen Gruppen der verschiedenen Religionsgemeinschaften, aber auch zwischen Abspaltungen dieser Religionen selbst finden zahlreiche, meist blutig eskalierende Konflikte statt. Im Gegensatz zu anderen Motiven kollektiven Handelns – etwa dem Streben nach wirtschaftlichem Vorteil – kommt durch das Religiöse und seine irrationale Dimension oft sogar eine zusätzliche Schärfe in die entstehenden zwischenmenschlichen Konflikte. Sie sind darin den nationalen und ethnischen Konflikten ähnlich. Anstelle der unmittelbaren religiösen Erfahrung ist die mit unterschiedlichsten Machtansprüchen verbundene Verwaltung von Tradition getreten. Was einmal als Weg zu einer höheren Einheit mit dem Göttlichen gemeint war, wirkt so real trennend unter den Menschen. Der generelle Sündenfall der organisierten Bekenntnisse liegt darin, daß der Weg des Einzelnen zum Ganzen über den Umweg einer Gruppe und ihren besonderen Überzeugungen führen soll. Auch das Christentum ist heute eine Form dieser Absonderung. Ein Dialog zwischen Religionen oder gar Koexistenz hat sich immer nur da als möglich gezeigt, wo die religiösen Überzeugungen zugunsten eines höheren, gemeinsamen Menschlichen zurücktreten und Platz für Individuelles eingeräumt wird.

In Konkurrenz zu den alten und neuen Religionen gewinnt daher in den vergangenen Jahrzehnten in der Welt zunehmend ein radikaler Individualismus an Boden. Dieser stellt eine Überzeugung dar, die nach Art ihrer Verbreitung und ihrer konkreten Auswirkung der Macht früherer Religionen durchaus gleichkommt, ohne indessen selbst religiöser Natur zu sein. Sie meint die Einzigartigkeit und Unersetzlichkeit, den letzten, durch nichts außer Kraft zu setzenden Wert eines jeden Menschen um seines Menschseins willen. Gerade dieser *Individualismus* ist geeignet, gegenwärtig und in Zukunft den universellen Wert schlechthin zu bilden. Die Überzeugung vom Wert des Besonderen und Unverwechselbaren schließt ein, daß jeder Mensch gerade in seiner Besonderheit das Allgemeine des Menschlichen realisiert. Im einzelnen liegt das Potential, das Allgemeine zu repräsentieren: eine scheinbar paradoxe, in Wirklichkeit tief spirituelle Tatsache des Menschseins. Der Individualismus, die Absolutheit jedes einzelnen Menschen, bedeutet, als Kern jedes Menschen etwas Ewiges, Unsterbliches, Göttliches anzusehen.

Dieses Besondere in jedem Menschen bildet gleichzeitig aber auch die Kraft, auch im anderen Menschen das Einzigartige zu erkennen und anzuerkennen: ein Aspekt des Individualismus, der in der Regel viel zuwenig beachtet wird. Im politischen und sozialen Leben hat sich der Individualismus in der Idee der Menschenrechte niedergeschlagen. Diese sind nicht nur in der westlichen, jüdisch und christlich geprägten Welt präsent. Auch in Asien und weiten Teilen Afrikas, wo in den Wertvorstellungen die Gemeinschaft oft den Vorrang vor dem Einzelnen hat, ist der Individualismus als Wert vertreten und nimmt an Bedeutung zu.

Die Tatsache, daß sich heute über die Welt hinweg eine jenseits von Religion und Metaphysik anzusiedelnde Überzeugung etabliert, die den letzten Wert im Menschen selbst, und zwar nicht in einer bestimmten Idee oder Bestimmung, sondern in seiner Offenheit und eigenen Sinngebung sieht, zeigt ihre ganze Tiefe erst in ihrem geschichtlichen Entwicklungszusammenhang. Die alten Hochkulturen beispielsweise im Zweistromland oder Ägypten geben eindeutig noch dem sozialen Kollektiv den Vorrang gegenüber dem Individuum. Das personal Spirituelle wird außerhalb der einzelnen Menschen als Göttliches verehrt. Die Inkarnation des Göttlichen im Menschen ist symbolhaft und vorübergehend, keineswegs eine reale Perspektive, schon gar nicht für die Menge.

In vielen Religionen ist jedoch die tatsächliche Göttlichkeit des Menschen *veranlagt* – als mythisches Bild des Gottes in Menschengestalt oder als prophetische Verheißung für eine Zukunft der Menschheit. Das Judentum hat der Menschheit die Idee der Gottesebenbildlichkeit und der Unendlichkeit des menschlichen Individuums eingepflanzt. Der Buddhismus zielt auf die Vollendung und Vergöttlichung des Menschen im Laufe wiederholter Erdenleben. In der Gründergestalt des Christentums, in dem Mensch gewordenen Gottes-Sohn, hat die Überzeugung von der Göttlichkeit des Menschen eine besonders deutliche Form angenommen. Dennoch wäre es falsch, dem Christentum als Religion einen besonderen Wert unter den Religionen zuzumessen. In seinen geschichtlichen und zivilisatorischen Wirkungen hat aber das Christentum – weit über den rein religiösen Rahmen hinaus und oftmals mit sehr zweifelhaften Mitteln, wenn man beispielsweise an die Revolution der Wissenschaft und Technik denkt, die aus diesem Quell stammen – viel zur Verbreitung des Individualismus in der Welt beigetragen, der heute weitgehend ein Menschheitsimpuls geworden ist. Das Christentum ist so im Entwicklungsstrom der modernen Menschheit aufgegangen, umfassender in seiner Funktion, als eine der großen Weltreligionen zu sein. Der christlich geprägte Westen ist es, der wie ein Mutterschoß den Keim des reinen Individualismus in die Welt entläßt. Verbunden mit allen Schattenseiten der westlichen Welt, vor allem dem seit dem 19. Jahrhundert aktiven politischen und wirtschaftlichen Imperialismus, verbreitet er sich über die gesamte unter den industriell-technischen Einfluß westlicher Prägung geratenden Erdball. In der zweiten Hälfte des zwanzigsten Jahrhunderts hat er sich dann mehr und mehr von seinen ideologisch-religiösen Schranken abgelöst und entwickelt sich von einem Impuls westlicher Herkunft zum globalen Wertbegriff der Zukunft. Auch die gegenwärtige Menschenrechtsidee in ihrer verhältnismäßig abstrakt wirkenden Form bildet dabei wohl nur ein Übergangsstadium. Der Individualismus beginnt ja beispielsweise gegenwärtig erst, den Sinn für den anderen Menschen und die dazu nötigen spirituellen Organe zu entfalten. Auch die Widerstände dagegen regen sich natürlich immer mächtiger. Dennoch wird sich der Individualismus als Blüte der geschichtlichen Entwicklung vieler Jahrhunderte und Jahrtausende vom Universalismus zum Individualismus immer mehr mit Substanz füllen. Die Weltgeschichte zeigt sich in dieser Perspektive in der Figur eines Abstiegs aus einem ehemals spirituell erfüllten Universalismus durch den Nullpunkt des «westlichen» Individualismus hindurch und eines Wiederaufstiegs zu einem bewußten Universalismus des Individuums, in dem eine Vielzahl unterschiedlicher kultureller und spiritueller Konzepte ihren Platz finden wird.

Hier wäre indessen ein Einwand möglich: Skepsis gegenüber solchen großdimensionalen weltgeschichtlichen Deutungen mag sich regen. Denn allzu lange wurde aus ideologischen Interessen heraus der wirkliche Verlauf der Geschichte äußeren Zielen unterworfen, die es aus mehr oder weniger durchschaubaren Motiven zu legitimieren galt: ob Geschichte als Verwirklichung höherer «göttlicher Pläne» wie in der metaphysischen Philosophie oder als Erweis soziologischer «Gesetzmäßigkeiten» wie im Marxismus: immer wird die Bedeutung des einzelnen Menschen für die Geschichte ideologischen Fremdbezügen untergeordnet. Der Fortschrittsoptimismus ebenso wie der nihilistische Pessimismus und auch die Zufallstheorie, die jede Entwicklung leugnet, sind Ausprägungen von Vorentscheidungen, die auf der Ausblendung des innersten menschlichen Potentials beruhen. All diesen Formen von Fremdbestimmung und Fremddeutung kann nur eine Sicht der Geschichte entgehen, die konsequent den Menschen selbst als Träger und Sinngeber der Geschichtsentwicklung anerkennt. Was *gewesen* ist, liest sie den Phänomenen und Symptomen der Menschheitsgeschichte ab; was geschehen wird, weiß sie der Freiheit des Menschen anheimgestellt und wagt sie höchstens aus den tieferen Werdekräften heraus zu ahnen; über etwas, das geschehen *soll,* enthält sie sich jeder Aussage. Die Frage nach Sinn und Zweck aller menschheitlichen Entwicklung kann nirgends anders als in der geistigen Kompetenz und Phantasie des einzelnen Menschen ihre Antwort finden.

Weltgeschichtliche Epochen – Stufen des Menschlichen

Die Tatsache, daß die modernen Lebensverhältnisse einen immer mehr individualistischen Stil hervortreiben, beruht offenbar auf einer bestimmten Fähigkeit des Menschen. Jeder moderne Mensch trägt die Anlage in sich, aus dem eigenen Innenbereich heraus Dinge in die Welt zu stellen, die für andere verbindlich, allgemeingültig und repräsentativ wirken. Ein Lebensbereich, in dem dies besonders schön hervortritt, ist die Kunst: der Erfolg von Kunstwerken liegt in dem (nur scheinbar widersprüchlichen) Faktum, daß ein Werk genau dann *allgemeine* Anerkennung findet, wenn es originell und in hohem Maße *einzigartig* ist.

Das Vermögen, daß der einzelne in innerer Aktivität etwas Objektives erfaßt, geht aber weit über den künstlerischen Bereich hinaus und ist eine allgemein-menschliche Charakteristik der Moderne. Immer mehr Einrichtungen der modernen Gesellschaft sind so geartet, daß der einzelne zu einer möglichst ungehinderten Entfaltung seiner Impulse kommen soll. Dazu werden diese Einrichtungen immer bewußter gestaltet. Die Durchstrukturierung mit der Computerelektronik bildet bei diesem Prozeß eine Art Katalysator.

Nicht zu allen Zeiten war ein solches bewußtes Hervorgehen des Allgemeinen aus dem einzelnen Menschen möglich. Geht man in länger vergangene Zeiten zurück, dann zeigt sich als Grundstruktur aller sozialen Verhältnisse – in der Kunst ebenso wie in Politik und Alltag –, daß das Leben des einzelnen sich in wesentlichen Teilen nach allgemein existierenden Ganzheiten zu richten hatte: vorgegebene Rollen (Mann/Frau, Herr/Knecht, Standesdenken) und Traditionen (Berufswahl!) bestimmten sein Leben. Sogar die fundamentalste Ebene, die der Weltanschauung und Sinngebung, war dadurch bestimmt, daß der Mensch als einzelnes Wesen seine Rolle in einem immer schon vorausgesetzten göttlichen «Weltplan» zugewiesen bekam. Die einzelne, besondere Existenz war eine Ableitung der Autorität des Allgemeinen. Genau dieses Verhältnis kehrt sich in der Moderne um: das Allgemeine geht nun immer mehr aus dem Besonderen hervor.

Daß diese Fähigkeit entwickelt werden kann, hängt mit einer ganz bestimmten Schicht des menschlichen Seelenlebens zusammen. Sich darüber etwas näher aufzuklären, gibt den Blick auf eine überraschende Verbindung unseres Inneren mit dem geschichtlichen Leben der Menschheit frei. Eine Möglichkeit, die verschiedenen Regionen der Seele zu unterscheiden, zeigt sich, wenn man auf die unterschiedliche Art des Entstehens seelischer Erlebnisse hinblickt. So gibt es eine bestimmte Art von seelischen Phänomenen, deren Zustandekommen wir einfach hinzunehmen haben. Bei bestimmten Grundempfindungen ist dies beispielsweise der Fall: Ich fühle mich gesund, frisch, kräftig, oder im Gegenteil krank, müde, schwach. Auch andere Bewußtseinseindrücke, wie elementare Sinnesempfindungen (Wärme, Kälte, Härte und so weiter), stellen sich bei entsprechender Gelegenheit einfach ein, ohne daß ich an ihrer Substanz etwas verändern könnte: Dies ist der Grundzug des

Empfindens, dem zu Empfindenden weitestgehend ausgesetzt zu sein und mit dem Bewußtsein auf ein Vorgegebenes zu reagieren.

Nun ist leicht zu sehen, daß sich das, was weiter oben als Individualismus charakterisiert wurde, auf eine ganz andere Region des Seelenlebens abstützt. Die Fähigkeit, aus dem Innersten heraus Elemente zu generieren, die sich als allgemein und repräsentativ erweisen können, ist zunächst – ganz anders als die mir entgegentretenden Empfindungen – auf irgendeine Art von innerer Aktivität zurückzuführen. Wie bei den Empfindungen das Seelische gleichsam Inhalte empfängt, gibt es eine andere Form des Seelischen, wo das Bewußtsein selbst seine Inhalte erst hervorbringt. Inhalte treten da dem Seelischen nicht entgegen, sondern sind selbst Produkte des Bewußtseins. Ideen und Theorien, künstlerische Impulse und Entwürfe gehören in diesen Bereich. In der anthroposophischen Menschenkunde kann man diese beiden charakterisierten Bereiche als eigenständige Regionen des Seelischen unterscheiden und als «Empfindungsseele» einerseits und als «Bewußtseinsseele» andererseits gegenüberstellen.

Zwischen ihnen angesiedelt ist eine dritte Region des Seelischen. In ihr spielt sich ab, was den überwiegenden Teil des üblichen Bewußtseins mit seinen Reflexionen und intellektuellen Verknüpfungen ausmacht: die Bewältigung des Alltags dadurch, daß wir beispielsweise Begriffe mit bestimmten Situationen verknüpfen, Gelerntes anwenden und so weiter. Im Gegensatz zu dieser letzteren, «Verstandesseele» genannten Schicht ist die Region der Bewußtseinsseele dann aktiv, wenn die Gedanken und Gefühle über die Situationsbezogenheit und mein Selbsterleben hinausgehen, wenn also die Arbeit meines Selbstes an irgendeiner Stelle für einen Moment Objektivität erlangt.

Die hier nur skizzierte, dreistufige Seelenlehre oder Psychologie ist im übrigen in ihren Grundzügen bereits von Aristoteles beschrieben worden und hat Jahrhunderte des philosophischen Denkens geprägt. Wenn dies plausibel erscheint, dann wird auch der folgende Gedankenschritt von der Individual- zur Gattungscharakteristik greifbar: Die im einzelnen Menschen wirksamen Stufen des Seelischen geben zugleich die entscheidenden Formkräfte der großen, welthistorischen Epochen ab. Weiter oben wurde bereits deutlich, wie die Gegenwart immer stärker aus Impulsen heraus gestaltet wird, die ihren Ursprung in dem Bereich der

Bewußtseinsseele haben. Natürlich gehörte die Bewußtseinsseele, jedenfalls in geschichtlicher Zeit, immer schon zum Gesamtumfang des menschlichen Wesens. Fragt man aber, wo sich diese Qualität als *zivilisationsbildende Kraft* zu zeigen beginnt, würde man etwa in die Zeit der europäischen Renaissance kommen. Hier erst wird das menschliche Individuum als eigentlicher Kulturträger entdeckt. Vorläufer dieses Individualismus finden sich in Gestalt der großen Kirchenrebellen und Reformatoren, die in ihrem Protest gegen die geistige Bevormundung des einzelnen durch universell gültige Strukturen erstmals ganze Volksbewegungen entfachten. Rudolf Steiner datiert den Beginn des «Zeitalters der Bewußtseinsseele» auf das zweite Jahrzehnt des 15. Jahrhunderts.

Die Epoche, die annäherungsweise mit der Zeit der Entdecker und Reformatoren in eine andere überging, dauerte etwas mehr als zweitausend Jahre. In diese Zeit fiel die gesamte mittelalterliche Kultur, die römische und zuvor die griechische Antike. Die Entstehung der klassischen griechischen Kultur mit ihren bedeutenden kulturellen und politischen Schöpfungen fällt in das 7. bis 6. vorchristliche Jahrhundert. Insbesondere an der Ausbildung der griechischen Philosophie unter den sogenannten Vorsokratikern läßt sich dabei der Übergang einer neuen aus der vorangehenden Seelenartung der Menschheit noch relativ gut studieren: es ist der bekannte Schritt vom Mythos zum Logos, vom bildhaft-imaginativen Anschauen und Deuten der Welt hin zum begrifflich-rationalen Verstehen (Verstandesseelenepoche). Mit ihr ging die Epoche der «Empfindungsseele» zu Ende, in deren Verlauf die großen Hochkulturen Nordafrikas und des Orients fallen. Die noch heute berührenden Leistungen dieser Kulturen in den Bereichen der Wirtschaft, der Politik, des sozialen und des künstlerischen Lebens lassen den Ausdruck einer religiös-imaginativen Welterfassung erkennen, die bereits in der Wahrnehmung der Welt von mythischen Kategorien geleitet wurde. Diese Bewußtseinsverfassung kam jedoch nicht – wie man analog zur heutigen Mentalität annehmen könnte – durch eine aus Unkenntnis erfolgende Projektion zustande, die eine begriffliche Naivität überlagert hätte. Man hat sich die innere Struktur dieses Bewußtseins vielmehr so vorzustellen: Der Mensch war noch nicht durch seine Gesamtorganisation so in die Wirklichkeit hineingestellt, daß er sich von den Dingen getrennt erlebte. Seine Leiblichkeit war nicht wie heute so konstituiert, daß sie ihm nur das von der Welt übrig ließ, was sein Nervensystem aufgrund des begrifflichen Anteils als Zusammenhang wieder aufbauen kann. Der Zusammenhang mit der Wirklichkeit war vielmehr noch so unmittelbar, daß der Mensch in einem empfindenden Bewußtsein für die pulsierenden geistigen Kräfte der Wirklichkeit – im Wachstum des Getreides, im Wirken der Sonne, im Wechsel der Jahreszeiten – lebte, die ihm nicht in Form von Begriffszusammenhängen, sondern von Bildern entgegenkamen. Der Träger dieses Bewußtseins, das Zusammenhänge in Gestalt von sinnhaften Bildern erlebt, ist die «Empfindungsseele».

Diese auf Rudolf Steiner zurückgehende Epocheneinteilung unterscheidet sich trotz anderer Berührungspunkte in einem wesentlichen Punkt von allen bekannten geschichtsphilosophischen Konzepten und hat in dieser Hinsicht höchstens mit Hegel eine gewisse Ähnlichkeit. Die Einteilung anhand der psychischen Kategorien bedeutet nämlich nicht nur, daß die Epochenbezeichnung ein Oberbegriff für die Summe menschlicher Ausdrucksleistungen in einem bestimmten Zeitabschnitt ist, der sich aus einem psychischen Entwicklungsbereich des Menschen ableitet. Von einer Epoche etwa der Verstandes- oder Empfindungsseele zu reden bedeutet noch mehr: daß die Geschichte der Einzelmenschen mit dem Werden der gesamten Menschheit verflochten ist und daß sie dabei an einer realen makromenschlichen Gestalt arbeitet. In den Kulturstufen der Empfindungsseele, der Verstandesseele und der Bewußtseinsseele realisiert sich gleichzeitig eine geistige Entität, die als spirituelles Ganzes verstandene Menschheit. Der einzelne Mensch ist aber nicht etwa der «unwissende» Erfüller dieses höheren Menschheitlichen; umgekehrt ist letztere in ihrer Entstehung ganz auf das Individuum angewiesen. Der radikale Individualismus ist also zugleich universell.

Die absolute Kraft und Reichweite des Individuums führt uns wieder auf das Denken zurück. Das Ich gebiert und entwickelt sich im Element des Denkens. Sein Leben im Allzusammenhang des Denkens ist der ständig realisierte Garant seiner Möglichkeit, sich jeglichem Sein zuwenden und sich mit ihm verbinden zu können. Was früher als Göttliches empfunden wurde, das Bewußtsein des Zusammenhangs und des Ganzen, kann heute Stück für Stück als bewußtes Menschsein realisiert werden. Im individuellen Handeln, im sozialen Verhalten oder in der künstlerischen Expressivität geht aus dem einzelnen ein neues Universelles hervor.

So ist der Individualismus zugleich konkreter Universalismus, weil der Einzelne das Ganze repräsentiert. Die Individualität ist dabei kein Abbild eines Kollektivs und kein bloßer Erfüller einer sie überformenden geistigen Absicht. Im Zeitalter des Individualismus geht das Universelle vom Individuum aus. Der erfüllte Individualismus ist deshalb zugleich in dem Sinne selbstlos, als er sich in der Form des reinen Selbstseins, das ganz Aktivität ist, auslebt. Dieser Bezug zum Allzusammenhang jedes Einzelnen ist aber auch der Garant des Verstehens *untereinander,* vom Ich zum Du.

In dieser Art des Selbstseins entsteht dem Individuum eine Kraft, die es ihm erlaubt, zurücktreten und den anderen wichtiger nehmen zu können als sich selbst. Dieses Wichtiger-Nehmen ist aber gerade das wahre Wichtig-Nehmen seiner selbst. Es ist eine Kraft, von der Trost ausgehen kann auch angesichts des Bösen, das Menschen einander antun, eine Kraft angesichts der ewig scheinenden Überlegenheit der Macht über die Wahrheit. Es ist das Finden eines unvergänglichen, überpersönlichen Ich im Irdischen.

Diese Kraft eines «Menschheits-Ich» hat Steiner in seinem Werk auch unter dem Begriff des «Christus-Impulses» charakterisiert. Weit über das aus den Evangelien bekannte Geschehen hinausgreifend, begleitet dieser Impuls die gesamte geschichtliche Evolution in Vergangenheit und Zukunft. Daß er sich zu einem bestimmten historischen Zeitpunkt selbst konkret in Menschengestalt mit der Menschheit auf Erden verbindet, stellt den Bezugspunkt zur Stiftung des Christentums dar. Die akute Wirksamkeit dieses Impulses hat aber mit der Zugehörigkeit zu der historisch aus diesem Geschehen entstandenen Religion des Christentums nichts zu tun. Da es sich bei der Wirksamkeit des «Menschheits-Ich» um eine veränderte Grundbefindlichkeit im menschlichen Wesen handelt, die als evolutionäres Faktum alle Menschen betrifft, ist klar, daß sich dieser Impuls nicht an die Grenzen bestimmter Religionszugehörigkeiten hält. Wir können uns diesen Impuls vielmehr als ein jedem Menschen zugängliches Potential vorstellen, bei dem es wesentlich darauf ankommt, was der Einzelne daraus macht.

Menschheitsimpuls oder Christentum?

Rudolf Steiner hat sein Werk – zumindest in der späteren Phase seiner Tätigkeit – mit vielfachen Bezügen in den Kontext der christlichen Kultur gestellt. Er hat zur Pflege der «christlichen Jahresfeste» angeregt und sogar bei der Begründung einer kirchlichen Erneuerungsbewegung, der so genannten «Christengemeinschaft», persönlich mitgeholfen. Sicher ist daher zunächst die Haltung verständlich, die sich für viele aus Steiners Erschließung des Christentums ergeben hat: man realisiert in der Auseinandersetzung etwa mit Steiners Evangelien-Vorträgen, wie hier die Inhalte einer größtenteils nur noch traditionellen Religionspflege durch den Bezug auf einen spirituellen Quellort der Evangelien neu erschlossen werden. Die zentralen Heilsereignisse: Weihnachten, Ostern, Pfingsten, der gesamte Schatz der christlich geprägten Gelehrsamkeit und auch der sakralen Kunst, füllt sich wieder mit Sinn. Mit Dankbarkeit sieht man unter Anthroposophen in Rudolf Steiner daher auch oft den Stifter eines «erneuerten Christentums».

Andererseits hatte Steiner offensichtlich vor seiner Zuwendung zu christlichen Themen bereits die Grundzüge seines Menschen- und Weltbildes ganz außerhalb der christlich-konfessionellen Terminologie und Tradition, ja sogar in zum Teil schroffer Abgrenzung gegen sie entwickelt. Dies zeigt klar, daß die Anthroposophie durchaus ohne jede aus dem historischen Christentum entlehnten Elemente auskommen kann. Der Selbstentdeckungsweg des Menschen ist ganz unabhängig davon zu finden, ob man je etwas vom Christentum gehört hat oder nicht und welcher kulturellen Tradition man angehört.

Der fundamentale Befreiungsakt, der zwischen Steiners «Philosophie der Freiheit» und seinem Buch über «Das Christentum als mystische Tatsache», liegt ja gerade darin, einen Zugang zu den urbildlichen Ereignissen der Evangelien finden zu können, ohne im konfessionellen Sinne noch «Christ» werden zu müssen. Nur so kann das Ereignis der Zeitenwende überhaupt auf seinem Weg zu einer Menschheitsangelegenheit weitergebracht werden: die Zukunft des Christentums *kann* nur ein Christentum ohne «Christen» sein, genauso, wie der Autor des Buches «Das Christentum als mystische Tatsache» kein «Christ» war, sondern sich zuvor gründlich von allen noch irgendwie traditionellen Elementen der großen westlichen Weltreligion befreit hat.

Die Verwandlung des Motivs des *Menschheits-Ich* im Werk Rudolf Steiners zwischen 1894 und 1924 ist schon atemberaubend genug. Kaum ist die Aufgabenstellung, die in dieser Verwandlung liegt, auch nur entdeckt, tritt bereits die nächste Frage auf: Welche Gedanken- und Ausdrucksformen sucht dieser Impuls heute, zu Beginn eines neuen Jahrtausends, angesichts einer wiederum völlig veränderten Menschheit?

Um die Dimension dieser Fragestellung vor Augen zu führen, sei nur daran gedacht, wie Steiner betont, daß auch die vorchristlichen Religionen auf das Christus-Wesen bezogen waren, natürlich in ganz eigenen ikonographischen und rituellen Formen: der Ahura Mazdao der Perser, der Horus der Ägypter, der Jahwe der hebräischen Religion («Ich bin der ‹Ich bin›»). Nun sind zweitausend Jahre für eine Religion bereits eine recht lange Zeit; das Christentum als Bekenntnis hat seine letzte produktive Phase vor rund 400 Jahren erlebt. Alle großen christlich-religiösen Gestalten der späteren Zeit haben ihre Kraft aus der konfliktreichen Auseinandersetzung mit den konfessionellen Ausgestaltungen des Christentums geschöpft und auf irgendeine Weise selbst zur Überwindung des hergebrachten Christenglaubens beigetragen, wie etwa der große protestantische Geist Dietrich Bonhoeffer. Was nun, wenn wir den Hinweis Steiners ernst nehmen, daß der «Christus-Impuls» auch in der Zukunft noch ganz andere Formen annehmen wird? Identifizieren wir nicht die bisherige, abendländische Version der christlichen Religion mit dem, was Mittelpunktswesen der Menschheitsevolution ist? Wäre es nicht beispielsweise denkbar, ja deutet nicht bereits alles darauf hin, daß in Zukunft das Christentum in der Ausprägung der Religion, wie wir sie kennen, gänzlich unbedeutend wird? Wer die Möglichkeit ernst nimmt, daß das in der Zeitenwende Mensch gewordene Menschheits-Ich real fortwirkt, der muß für wahrscheinlich halten, daß dieses Menschheits-Ich nicht an eine Religion und nicht an einen Namen gebunden sein kann, sondern sich auch unter neuen Formen und Namen Ausdruck verschafft. Schon Steiner selbst hat ja in diesem Zusammenhang oft vom «Menschheitsrepräsentanten» gesprochen oder (etwa im Vortrag vom 15. Februar 1909) diejenige geistige Wesenheit, die in Jesus vom 30. Jahr an wirkte, als «größte Avatar-Wesenheit, die auf Erden gelebt hat», bezeichnet.

Wenn heute Vertreter der Anthroposophie oder auch Waldorfpädagogik mit der Bezeichnung «christlich» das Besondere ihrer geistigen Orientierung hervorzuheben glauben, kann deshalb die Frage entstehen, ob das nicht in mancher Hinsicht einen Schritt hinter die langfristigen Intentionen Rudolf Steiners zurück bedeutet. In den «Prinzipien» zur Aufnahme in die von ihm begründete Anthroposophische Gesellschaft hatte er beispielsweise formuliert, dort könne jedermann Mitglied werden, ausdrücklich «ohne Rücksicht auf Nation, künstlerische Überzeugung oder Religion». In der Praxis bestehen heute aber vielfach Schwierigkeiten, das Verhältnis zwischen Religiosität und moderner Spiritualität zu klären und die eigenen religiösen Überzeugungen in einem multireligiösen Kontext zu relativieren. Bis heute wird es kaum bewußt, welchen Widerspruch es bedeutet, Anthroposophie einerseits (mit Recht) als einen menschheitlichen Impuls ohne Rücksicht auf die kulturelle Herkunft zu bezeichnen, sie andererseits aber an *eine* der großen Weltreligionen – das Christentum – binden zu wollen. Das anthroposophische Verständnis des Christentums als religionsübergreifend zu erklären – etwa nach dem Motto «Christentum ist keine Religion, sondern eine Tatsache» – und auf entsprechende Wortlaute Steiners zu verweisen, reicht als Antwort nicht aus, sondern wirkt vielleicht sogar als besonders subtile Form eines religiösen Imperialismus. In der Regel ist man sich unter – zumal europäischen – Anthroposophen gar nicht bewußt, wie sehr ihre innere Orientierung am Christentum schlicht mit dem zusammenhängt, was mit einem trockenen Terminus «Sozialisierung» genannt wird. Wie mit diesem Widerspruch umgehen? Natürlich soll niemandem seine religiöse Orientierung genommen werden. Für diejenigen, die darüber hinaus an der Weiterentwicklung des von Steiner hervorgehobenen Menschheitsimpulses interessiert sind, wäre es vielleicht eine Möglichkeit, ihre Fähigkeiten dadurch zu erproben, in der Kommunikation geistiger Erfahrungen ohne jede terminologische Anleihen im Wortfeld «christlich» auszukommen. Denn wenn es um die Sache geht, also um das Faktum eines realen geistigen Geschehens, dann verdecken traditionsbeladene Worte möglicherweise heute mehr, als sie zeigen.

Schließlich sei noch daran erinnert, daß die gesamtkulturelle Situation, in der Steiner seinen spirituellen Ansatz in die Öffentlichkeit stellte, eine ganz andere war als heute. Seine Aufgabe lag damals darin, den erstarrten christlich geprägten Kulturkreis des Westens wieder mit Leben zu erfüllen, wozu die Darstellung einer esoterischen Dimension des Christentums hervorragend geeignet war; seine damalige Botschaft war zentral an die – vor allem deutschsprachigen – Europäer gerichtet, die sich allmählich für eine kosmopolitische Spiritualität öffnen sollten. Wie aber ist es heute? Menschen aller Kulturen und Religionen sind – nicht zuletzt in der anthroposophischen Bewegung selbst – näher zusammengerückt; durch den realen Pluralismus der Traditionen relativiert sich der jeweilige absolute Anspruch. Viel stärker rückt in den Vordergrund, was der einzelne Vertreter einer spirituellen Richtung konkret vertritt. Es ist also nicht so sehr gefragt, was *das* Christentum, *der* Buddhismus, *das* Judentum oder die verschiedenen Naturreligionen zu sagen haben, sondern was einzelne Repräsentanten daraus machen.

Zum Weiterlesen:

Rudolf Steiner: Das Christentum als mystische Tatsache. – Geistesgeschichtliche und zugleich konkret meditative Auseinandersetzung mit dem «Mittelpunktsereignis».

Christoph Lindenberg: Individualismus und offenbare Religion (1995). – Versuch einer Auseinandersetzung mit dem Werk Steiners vor und nach der Jahrhundertwende unter dem Aspekt des Christentums.

Pietro Archiati: Die Weltreligionen. Wege des Menschen zu sich selbst (1997).

8. Wege aus den Dogmen unserer Zeit

Eine Doppelgesichtigkeit bestimmt die Zeit der Jahrhundertwende, in der wir leben: auf der einen Seite lösen sich vergangene Denkformen, soziale und kulturelle Strukturen in ein pluralistisches Netz immer individueller werdender Zentren auf. Spirituell orientiertes Denken und Verhalten behauptet sich in dieser Vielfalt immer mehr und bestimmt das Lebensgefühl einer zunehmenden Zahl von Menschen. Sie beginnen, eine geistige Dimension des Lebens ernst zu nehmen. Anzeichen dafür sind etwa die Renaissance der Astrologie und des geistigen Heilens, die wachsende Verbreitung von Literatur über Engel oder die laut Umfragen ständig steigende Sympathie für den Reinkarnationsgedanken. Das über Jahrhunderte gültige Dogma einer Wirklichkeit, die nur vom Zähl- und Meßbaren geprägt ist, beginnt zu wanken. Bewegung spielt sich vornehmlich da ab, wo Bürger «von unten» selbst Initiative übernehmen, sich für die Förderung spirituell orientierter Ausbildung einsetzen, zum Aufbau eines neuen Heilwesens, einer neuen Pädagogik oder Kunst zusammenschließen. Auf der anderen Seite sind die etablierten Positionen, an denen sich die für das gesellschaftliche Gesamtklima relevanten Entscheidungen abspielen, noch immer relativ stark vom hergebrachten wissenschaftlichen Denken beherrscht. Die Polaritäten klaffen hier oft noch sehr auseinander. Ein Politiker mag sich positiv über alternative Heilmethoden äußern; wenn es «ernst wird» und sein Ruf auf dem Spiel steht, wird er sich vermutlich hüten, den Vorrang der «exakten Wissenschaft» zu bestreiten. Und selbst wenn beispielsweise ein angesehener Wissenschaftler Kontakte mit dem Dalai Lama pflegt, heißt das noch lange nicht, daß er sich in einer für sein Fachgebiet relevanten Weise auf Gedankengänge einlassen würde, die ihn als Wissenschaftler in den Geruch «metaphysischer» oder gar «mystischer» Einstellungen bringen könnten. Die methodische Einschätzung, daß sich «echtes Wissen» allein auf das physisch Konstatierbare stützen muß, ist nach wie vor weitgehend akzeptiert.

Dennoch ist die Situation des leitenden Paradigmas heute eine ganz andere als etwa zu Zeiten der letzten Jahrhundertwende. Damals herrschte noch ein ganz anderer, ungebrochener Enthusiasmus bezüglich einer materialistischen Wissenschaft. Zu Zeiten Steiners war es noch revolutionär, beispielsweise als Vertreter des Darwinismus alle Beschränkungen des religiösen Weltentstehungsglaubens abzuschütteln oder sich zu einem rein atomistischen Weltbild ohne jeden Rest von Metaphysik zu bekennen. Ein solcherart sendungsbewußter Materialismus ist heute nicht mehr uneingeschränkt gültig. Sicher gibt es immer noch Wissenschaftler, die geradezu mit Missionseifer ein rein materialistisches Weltbild verkünden, wie etwa der bekannte Chemiker und Genetiker Francis Crick, der maßgeblich an der Entdeckung der Erbsubstanz beteiligt war und von dem weiter unten noch die Rede sein wird. Insgesamt hat aber gerade die Naturwissenschaft viele Forscher unseres Jahrhunderts auch an Grenzerfahrungen herangeführt, die das Unzureichende einer rein materiellen Deutung deutlich machten. Die physikalische Erforschung immer subtilerer Schichtungen in der Feinstruktur der Materie führte etwa Carl Friedrich von Weizsäcker bereits in den 60er Jahren zu der Auffassung, daß die Materie nur der sichtbare Abdruck reiner Kraftstrukturen sei. Seit den 80er Jahren des 20. Jahrhunderts sprechen Wissenschaftler – angefangen mit Fritjof Capra – immer häufiger von einer Berührung zwischen moderner Quantenphysik und Spiritualität. In diese Zeit fallen auch die ersten Arbeiten von Rupert Sheldrake («Das schöpferische Universum»), der Ruf und Karriere als hochbegabter Nachwuchsbiologe riskierte, als er mit der Theorie des «morphogenetischen Feldes» die Erforschung des Lebendigen auf ein völlig anderes Gebiet lenkte. In der Evolutionsforschung erhielt mit dem Aufkommen der Idee der «Selbstorganisation» von Systemen (Erich Jantsch, Erwin Laszlo und viele andere) die Vorherrschaft des Kausalprinzips Konkurrenz. In der Biologie wird – entgegen dem immer noch überwiegenden Reduktionismus – der ganzheitliche Organismus (Brian Goodwin) wiederentdeckt. Das bedeutet sicher noch keine grundlegende «Wende» im Denken unserer Zeit, sondern ist vielleicht eher ein Symptom einer zunehmenden Polarisierung: hier ein sich verhärtender

Materialismus (der etwa in der Schulmedizin auch recht diktatorische Formen annehmen kann), dort eine vorsichtige Öffnung für Metaphysisches und für Wirklichkeitsfaktoren, die nicht auf das Greifbar-Sinnliche begrenzt sind.

Der modernen Wissenschaft und der Wissenschaftlichkeit als moderner Grundhaltung verdankt die Welt einen enormen Gewinn an Emanzipation. Der erreichten inneren Unabhängigkeit des Urteilsvermögens steht allerdings ein massiver Werteverlust entgegen. Damit ist nicht allein der Wegfall äußerer moralischer Normen gemeint, sondern das, was man als den Trend zur *Geringschätzung des Menschen* für das Weltganze bezeichnen könnte, der mit dem Wegfall des geozentrischen Weltbildes einsetzte, durch die subjektivistische Erkenntniskritik Kants fortgesetzt wurde und in der «Dritten Kopernikanischen Revolution» unserer Tage, die das menschliche Selbstwissen als Ergebnis biochemischer Prozesse entlarvt, ihren vorläufigen Höhepunkt erreicht.

Demnach geht der Mensch *erstens* aus einer durch Zufall und Auslese geprägten Evolution hervor: der Mensch erscheint als Wesen, das von den Prinzipien der Mutation, der Anpassung und des Überlebenskampfes geprägt ist, dabei aber mit der entstandenen Intelligenz nicht zurechtkommt und innerhalb seiner Umwelt, aus der er herausgewachsen ist, mehr und mehr zum Störfaktor wird. Seine eigene Sinnlosigkeit droht sogar den Bestand des Planeten, dem er seine Entwicklung verdankt, in Frage zu stellen.

Einer *zweiten* machtvollen Vorstellung entsprechend ist die Entwicklung eines jeden Menschen immer schon von dem geprägt, was bereits in seinen Erbanlagen festgelegt ist. Dieser Determinismus seines genetischen Erbes soll für ihn sowohl als Angehörigen seiner Gattung gelten wie auch für das Zustandekommen seiner Individualität.

Drittens wird vorgestellt, daß das aktuelle Empfinden und Handeln des Menschen, seine gesamte erlebte Innenwelt sowie sein Verhalten, von elektrochemischen Prozessen in seinem Organismus gelenkt werden, die ihm in ihrem Wesen unzugänglich sind: Seele und Geist gelten als Konglomerat, das sich dem Zusammenwirken von Synopsenschaltungen und Botenstoffen verdankt. Es ist dieser Vorstellung entsprechend das Gehirn, das die menschliche Innerlichkeit verursacht und regelt, die Phänomene des Bewußtseins sind dagegen nur sekundärer Natur.

Es ist dabei unerheblich, wenn vorsichtigere Wissenschaftler immer wieder vor einem materiellen Reduktionismus warnen. Ihre Vorbehalte spielen für die philosophisch-anthropologische Aussageebene der Wissenschaft keine Rolle. Ohne weiteres ist klar, wie diese drei Axiome sich in ihrer Zielrichtung bündeln. Sollten sie tatsächlich zutreffen, dann wäre *eines* in jedem Fall illusionär und unrealistisch: die Freiheit des Menschen. Wir stehen hier vor dem ebenso faszinierenden wie bedrängenden Widerspruch, daß eben jene Wissenschaft, die uns innerlich von allen autoritären Zwängen befreit, uns gleichzeitig mit diesen Vorstellungen – und insofern wäre sogar die Rede von «Zwangsvorstellungen» mehr als ein rhetorischer Griff – jeden Begriff von Würde wiederum raubt. Daß uns diese Vorstellung unsympathisch ist, darf allerdings kein Grund sein, sie zu verwerfen. Entscheidend ist die Frage, ob sie angesichts einer *umfassenden* Sichtung der Tatsachen aufrechtzuerhalten ist.

Denn es soll gleich hinzugefügt werden: Es wäre gar nichts damit gewonnen, wenn der sicher problematische Materialismus nun einfach durch ein dem menschlichen Selbstwertgefühl mehr schmeichelndes Bild ersetzt würde. Was dabei herauskäme, wäre lediglich ein leider nicht weniger dogmatischer «Anthroposophismus», der anstelle des steinigen Lebensgefühls der Naturwissenschaften ein rosiges Bild vergangener geistiger Weltzustände und höherer Wesenheiten setzen will. Mit aller Deutlichkeit muß gesagt werden: Solcher Anthroposophismus konstruiert eine Scheinwelt, die ein im wesentlichen aus Büchern Rudolf Steiners gewonnenes Wissen naiv für Realität hält, so wie man sonst die materielle Welt naiv für «real» hält – eine Welt ohne aktive Beteiligung des Menschen also. Im Gegensatz dazu ist Anthroposophie kein Lehrgebäude, keine an Sprachgebrauch, Lebensweise, Denk- oder Verhaltensformen gebundene Bewegung für Weltverbesserer und ist Rudolf Steiner kein Allround-Guru, der für jede Lebensfrage und Lebenslage die richtige Antwort bereit hielte. Anthroposophie stellt sich stattdessen die Aufgabe, ein menschliches Selbstwertgefühl wiederzugewinnen, das, sofern der emanzipatorische Gewinn wissenschaftlicher Gesinnung nicht verspielt werden soll, gerade nicht in einer bloßen Ersetzung der naturwissenschaftlichen Sichtweise durch spirituelle Behauptungen über Mensch und Kosmos bestehen kann. Jedes tiefere Selbstwertgefühl muß vielmehr Stück für Stück zurückerobert werden, und zwar so, daß dabei ein Sinn für Transparenz bezüglich des eigenen Vorgehens und klares Unterscheidungsvermögen zwischen Tatsachen und Theorien entwickelt wird. Denn es geht nicht um die Widerlegung äußerer «Feindbilder», sondern darum, die zentralen materialistischen Auffassungen als zeittypische Vorstellungen zu begreifen, in denen eine Sicht der Welt Form annimmt, die durch die besondere Bewußtseinsverfassung eines jeden modernen Menschen zwangsläufig zunächst auftreten *muß*. Nicht mit einer äußeren Wissenschaft, sondern mit sich selbst hat man es in diesen Vorstellungen zu tun, insofern jeder als Ausgangspunkt zunächst auf das Verstandesdenken zurückgreift. Dieses in mir selbst – immer wieder – zu verwandeln, macht Anthroposophie aus.

«Der Mensch als Irrläufer der Evolution»?

Stellen wir uns also noch einmal den drei «Zwangsvorstellungen» in uns selbst gegenüber und beginnen wir mit der Frage nach unserer *Herkunft*. Vermutlich gibt es niemanden, der von den wissenschaftlichen Darstellungen zur Vergangenheit unseres Universums, der Entstehung des Sonnensystems und der Entwicklung des Lebens gehört hat, ohne dabei zugleich einen gewissen «Schauer» erlebt zu haben.

Ja, es erschüttert unser alltägliches Daseinsgefühl, wenn wir versuchen, die Zeitspanne von rund 15 Milliarden Jahren, die seit dem sogenannten Urknall vergangen sein sollen, an uns vorüberziehen zu lassen: erst im letzten Drittel dieses unvorstellbaren «Zeitraums» soll sich das Sonnensystem mit unserer Erde herausgebildet haben, auf der sich dann im Verlaufe von rund vier Milliarden Jahren der lange Prozeß der Entwicklung von einfachsten Aminosäuren und Proteinen bis hin zum Menschen abspielte. Unzählbar viele zufällige Veränderungen, die dann – dem gängigen Bild der Evolution entsprechend – jeweils ihrer höheren Stabilität wegen Bestand hatten, waren nötig, um aus den erreichten Zuständen immer wieder neue Gestaltstufen hervorgehen zu lassen. Der Übergang vom Unbelebten zum Lebendigen, dann der Schritt vom Leben zur Empfindungsfähigkeit von Organismen waren dabei besondere Schwellen der Emergenz. Erst seit etwa 35 000 Jahren soll der in unserem Sinne denkfähige Mensch in dieser Reihe aufgetreten sein. Angesichts dieser gewaltigen Vorgänge, die sich vom Zeitrahmen her größtenteils unserem Vorstellungsvermögen entziehen, muß sich ein Gefühl der Winzigkeit, ja Nichtigkeit des Menschen einstellen. Es läßt sich vielleicht in die Worte fassen: «Ich bin nichts als ein zufälliges und bedeutungsloses Sandkorn in einem sinnlosen Universum.» In der Tat schätzt die Wissenschaft die Rolle, die der Mensch in dieser Evolution spielt, nicht eben schmeichelhaft ein. Ist die überkommene Auffassung vom Menschen als «Krone der Schöpfung» schon lange nicht mehr salonfähig, so wird auf Grund der zunehmend zerstörerischen zivilisatorischen Entwicklung der ihn auszeichnenden Intelligenz der Mensch sogar als Risikofaktor eingestuft: die Rede vom «Irrläufer der Evolution» ist zur selbstverständlichen Wendung geworden.

Selbst wenn man dieses in den Grundzügen heute jedem Schulkind bekannte Evolutionsbild zunächst einmal so stehen läßt, kann doch ein Problem auftauchen. Die Frage muß fast zwangsläufig entstehen: Wie ist es eigentlich möglich, daß an einem vorläufigen Endpunkt jener Evolutionsentwicklung ein Wesen auftaucht wie der Mensch, das mit seinen Erkenntniswerkzeugen (die er selbst bei analytischer Besinnung überwiegend als unzureichend einschätzt) sich daranmacht, den gesamten Weg von der Entstehung des Kosmos bis hin zum Auftreten des Erkennens im Menschen zu rekonstruieren? Offensichtlich geht er ja doch davon aus, daß sich die Realität dieser Entwicklung durchaus ermitteln läßt! Ist aber denn die Möglichkeit, daß in der Reihe jener milliardenfachen Mutationen und Veränderungen ein Zustand eintritt, der jene Entwicklung in den Grundzügen bewußt abbildet und auswertet, nicht völlig abwegig? Ist es nicht absolut unwahrscheinlich, daß das menschliche Erkennen Inhalte wie «das Universum», das Problem seiner Entstehung und Entwicklung, überhaupt fassen kann? Stellen wir diese Frage ruhig noch einfacher, damit sie in ihrer ganzen Dramatik hervortritt: Wie kommt denn das Universum dazu, sich schließlich im Menschen zu erkennen?

Die damit aufgeworfene Perspektive bedeutet mehr als etwa nur eine philosophische Randbemerkung. Denn in ihr wirkt die Ahnung, daß das menschliche Bewußtsein und der Verlauf der Evolution tatsächlich nicht in einem äußerlichen Verhältnis stehen könnten. Der Mensch kann nur deshalb davon ausgehen, die Wirklichkeit der Evolution in sich mehr und mehr zu erfassen, weil er selbst ein Teil dieser Evolution ist. Dies gilt nicht nur in biologischer Hinsicht, insofern sein Leib aus ihren Kräften hervorgegangen ist, sondern mehr noch insofern, als in der Natur seines Denkens eben jene Kräfte, die die Evolution gestaltet haben, in verwandelter Form ebenfalls anwesend sind. Dies ergibt sich konsequent aus dem im 2. Kapitel bewußt gemachten Wesen des Denkens. Insofern darf das Gefühl des Erschauderns, das sich beim Blick auf die Entstehung und Entwicklung des Universums einstellt, ernst genommen und bestätigt werden durch die Idee, daß es der Kosmos selbst ist, der sich im menschlichen Denken reflektiert. Sobald wir über auch noch so entfernte Entwicklungszeiträume nachdenken, die lange vor dem Auftreten des Menschen liegen: sobald wir diese Zustände in Gedanken anschauen, haben wir Situationen, bei denen Bewußtsein mit anwesend ist. Eine Welt ohne Bewußtsein ist de facto nicht vorstellbar und deshalb auch nicht existent, sie wäre ein widersprüchliches Konstrukt, weil immer, wenn wir uns «Welt», in welchem Zustand auch immer, vorstellen, Bewußtsein schon mit im Spiel ist. Und dies ist nicht etwa eine täuschende Tautologie, sondern ein Hinweis auf die *Allgegenwärtigkeit* des Geistes.

Bewußtsein war von Anfang an in der Welt; zwar nicht in der Form menschlichen Selbstbewußtseins, aber doch so, daß aus früheren Formen des Bewußtseins auch mein eigenes Ich-Sein im Laufe einer langen Entwicklung hervorgehen konnte. Dieses Zu-sich-selbst-Kommen der Evolution im menschlichen Denken bedeutet, daß dem Erkennen ein ganz anderer Zugang zu den Mitwesen der Evolution zugesprochen werden kann. Denn das, was in uns selbst als Begriff eines Wesens auflebt, ist innerlich verwandt und dem zugänglich, was als bildende Kraft jenem Wesen innewohnt.

Sicher stehen wir heute erst am Anfang der Aufgabe, den Verlauf der Evolution mit der Tatsache des erkennenden Selbstbewußtseins in Übereinstimmung zu bringen. In jedem Fall aber steht fest: Die Theorie einer verstehbaren Weltentwicklung, die von einer Höherentwicklung der Zustände und Wesen ausgeht, bei der aber die bisher höchste Organisationsform, nämlich die der Selbstreflexion der Evolution im Erkennen, nur ein Nebenprodukt sein soll, diese Theorie hat einen Bruch.

Dieser Bruch wird nur deshalb nicht in seiner vollen Härte bemerkt, weil er sich im Menschen selbst abspielt. Solange der aktive Forscher (oder auch der interessierte Laie) nicht bemerkt, daß er es ja selbst ist, der den Schauplatz der rekonstruierenden Erkenntnis des Universums abgibt, so lange wird jener Widerspruch fortwirken. Es muß aber auch an dieser Stelle ernst gemacht werden mit der Einsicht, die sich längst auch beispielsweise in der modernen Physik eingestellt hat, daß die Außerachtlassung des erkennenden Betrachters, die scheinbar mögliche Trennung des Subjekts von den Objekten nicht sachgemäß ist und zu verzerrenden Ergebnissen führt. Gerade im Fall der Evolutionstheorie ist aber gar kein anderer Weg möglich, als den Geist als Gestaltungsfaktor miteinzubeziehen. Wie immer die spannende Erkundung der Herkunft von Kosmos und Mensch im 21. Jahrhundert ausgeht: es darf dabei der Gedanke den Ausgangspunkt bilden: «Ich bin von Urbeginn an ein Teil des Geistes, der an dem Weltganzen schafft.» Von diesem Ansatz her kann dann auch kritisch hinterfragt werden, ob die bisher angenommenen Prinzipien von Zufall und Selektion tatsächlich die entscheidenden Faktoren der Evolution sind.

Auch in der heutigen Biologie gibt es mittlerweile Ansätze, die Erklärungslücken der neo-darwinistischen Evolutionstheorie aufzeigen. Auch hier regt sich Widerspruch am Konzept der Evolution der Arten durch die Prinzipien von Mutation und Auslese durch den Daseinskampf. Das schlagendste Argument der Kritiker geht dabei dahin, daß nur die vergleichsweise geringfügige Variabilität *innerhalb* einer Art, nicht aber das Entstehen neuer Arten durch die konventionelle Evolutionstheorie zu erklären sei – ein fundamentaler Einwand, den bereits Steiner Ende des 19. Jahrhunderts vorbrachte. Für die Entstehung der Arten und gar für das Auftreten neuer Seinsstufen wie des Lebendigen, des Psychisch-Erlebenden und des Reflektiv-Expressiven ist das Prinzip der allmählichen Mutationen weder verifizierbar noch plausibel. Die Schwierigkeit erklärt sich dadurch, daß das evolutionäre Denken nachträglich sehr wohl die später erschienenen mit den vorangegangenen Lebensformen in einen Entwicklungszusammenhang einordnen kann. Wieder liegt der Schluß nahe: Früheres ist die Ursache des Späteren. Der Ursprung des Höherentwickelten kann aber nicht im Niederen liegen, letzteres bildet vielmehr die Bedingung für das Auftreten des Höheren.

Eine Schwierigkeit, die sich angesichts solcher Kritik sofort einstellt, liegt darin, eine Antwort auf die Frage zu geben, welchen Status man den jeweiligen Organismen zuschreiben will, wenn sie nicht allein durch die quantitative und allmähliche Veränderung materieller Vorläufer erklärbar sein sollen. Entsprechend der Idee, daß das menschliche Bewußtsein in einer viel intimeren Beziehung zum Verlauf der Evolution steht als gemeinhin angenommen, läßt sich ein «Modell» für das Entstehen von Emergenz, für das Entstehen des Neuen auf den Bedingungen des Gewordenen, möglicherweise im Phänomen der menschlichen Freiheit finden. Freiheit ist nie der absolute Neubeginn außerhalb jedes Kontextes, sondern die Realisierung von Ursprünglichkeit unter gegebenen Bedingungen. Was die Freiheit hervorbringt, ist indessen keine kausale Fortsetzung der gegebenen Strukturen, sondern eine Umwandlung in der Art, daß etwas Neues darin Platz greift. In gewisser Weise ließe sich die Freiheit deshalb auch als Inkarnationsprozeß des Geistigen beschreiben. In der natürlichen Evolution bis hinauf zu den Vorfahren des Menschen sind es die irreduziblen Strukturen der jeweiligen neu auftretenden Organismen, die Wesen selbst, die sich in vergleichbarer Weise zur Erscheinung bringen.

Anschauungen dieser Art, die Evolution anstelle eines kausal determinierten Vorganges als expressives Geschehen interpretieren, treten heute in Konkurrenz zu den Abwandlungen des Darwinismus, denen gemäß das Leitprinzip der Evolution in der Überlebensfähigkeit des Höherentwickelten liegt – eine Vorstellung, der gegenüber schon seit längerem das Argument geltend gemacht wurde, daß jede höhere Komplexitätsform das Überleben erschwere und der «sicherste» Zustand der Tod sei. Dagegen sieht der Biologe Brian Goodwin durch seine Forschungen eine Alternative zur materialistischen Evolution bestätigt: «Organismen sind nicht länger reine Selbsterhaltungsmaschinen, vielmehr verkörpern sie wie Kunstwerke fortan eine Welt für sich.»

Unter dieser Vorgabe wäre auch die bisherige Vorstellung der Anpassung durch den Zwang des Überlebenskampfes durch ein expressives Prinzip zu ersetzen. Denkbar ein Entwicklungsprinzip, bei dem nicht die äußeren Umstände «irgendwie» zu einer Anpassung eines bestimmten Organismus führen, sondern bei dem der Organismus selbst sich in eine bestimmte Umgebung gestaltend einfügt. Ohnehin ist es ja nur eine Frage der Interpretation, wo man beispielsweise in einer Landschaft die «Umstände» beginnen läßt, da jeder einzelne Organismus, den man durch «Anpassung» an jene Umgebung erklären will, selbst auch Teil der «Umgebung» ist, diese mit vielen anderen Organismen gemeinsam bildet. Alternativ zu der herkömmlich gedachten «Anpassung von außen» wäre also ein Konzept denkbar, in dem sich eine Vielzahl von Organismen einer einheitlichen Umgebungsgestalt aktiv «einpaßt». Voraussetzung dazu wäre, jedem Organismus eine gestaltungsfähige Typus-Idee zuzuerkennen. Solche organischen «Typen» können dann in aufeinander aufbauenden und sich durchdringenden, übergreifenden Typen – wie beispielsweise einer Landschaft – zusammenwirken. Die linienhafte Gestalt und die grün-braune Farbe einer Grille wären dann beispielsweise nicht als «Anpassung» an eine ohne sie bestehende Umgebung zu verstehen, sondern als ihr Beitrag zu einem übergreifenden Landschaftstypus «Wiese».

«Der Mensch ist ein Produkt seiner Gene»

Ein zweiter von der Naturwissenschaft geprägter Bereich, der das Selbstverständnis des Menschen heute massiv unterhöhlt, ist die Genetik. Ein halbes Jahrhundert nach der Entdeckung der DNA scheint der Mensch durch diese Forschungsrichtung in vieler Hinsicht ein offenes Geheimnis geworden zu sein: Seine Leiblichkeit mit ihren Stärken und Schwächen, aber auch sein Innenleben, sein Charakter, ja die Persönlichkeit selbst wird von der Wissenschaft als Produkt seiner Gene erklärt. Die mit Goldgräbereifer vorangetriebene Suche nach dem «Bauplan des Menschen» und die Entdeckung immer neuer Eigenschaftsspezifikationen auf bestimmten Genen erzeugt ein Bild, dem entsprechend nicht nur der Mensch als biologische Gattung, sondern jedes einzelne Individuum aus der besonderen Konfiguration seiner Erbsubstanz vollständig erklärbar sei. Insbesondere die Zuordnung bestimmter Krankheiten zu einzelnen «defekten» Genen (Musterbeispiel: Brustkrebs) verleiht der Genetik eine geradezu magische Wirkung. Die Genforschung hat derart zu dem wohl massivsten Determinismus aller Zeiten geführt, dem sich kein aufgeklärter Zeitgenosse entziehen zu können scheint. Die Bemerkung «das liegt wohl in meinen Genen» ist längst achselzuckender Bestandteil der Alltagssprache geworden.

Kaum irgendwo sonst klafft der Dualismus von Wissenschaft und Moral so auseinander wie hier. Zwar behaupten naturwissenschaftliche Koryphäen wie der Biologe Stephan Jay Gould, die Naturwissenschaften einerseits und die Wertphilosophie andererseits müßten einander keine Konkurrenz machen und jede Richtung auf ihrem Gebiet arbeiten. In Wirklichkeit bleibt aber für einen Begriff wie *Freiheit* in ihrem System kein Platz.

Das Lähmende des genetischen Dogmas geht vor allem auf den darin enthaltenen Reduktionismus in der Art des «nichts als» zurück: ob Krankheit oder Verhaltensauffälligkeit, Gemütslage oder Talent: all dies soll letzten Endes nichts als eine Frage der DNA sein. Selbst in der (durchaus berechtigten) Forderung mancher Genetik-Kritiker, angesichts der Möglichkeit des Klonierens müsse auf dem Recht einer «zufälligen» Zusammensetzung der Erbsubstanz bestanden werden, regt sich noch die im Grunde geteilte Überzeugung von der DNA als *Ursache* der Individualität. Die Vieldimensionalität des Menschlichen wird derart auf ein im Prinzip immer gleiches «Grauraster» zurückgeführt. Alles Menschliche geht demnach auf die Ur-Manipulation der genetischen Lotterie bei unserer Konzeption und der unserer Vorfahren zurück. Im Laufe der Evolution setzen sich dabei die am meisten «egoistischen Gene» (so das von Richard Dawkins geprägte Schlagwort in seinem gleichnamigen Buch) durch. Kein Wunder, daß sich diese Art zu denken, ausgestattet mit den entsprechenden technischen Möglichkeiten, zu noch ganz anderen Dimensionen der Manipulation anschickt. Willkürliches Eingreifen und «Verbessern» der menschlichen Keimanlagen ist unter diesen Voraussetzungen nur konsequent.

Natürlich soll hier nicht die offenkundige Tatsache der Vererbung in Frage gestellt werden. Ebensowenig geht es darum, einen so gewaltigen wissenschaftlichen Forschungsbereich wie die Genetik mit einem Federstrich oder wenigen klugen Argumenten zu «widerlegen». Betont werden soll auch, daß die nihilistischen Konsequenzen des Menschenbildes der Genetik *allein* natürlich kein Argument dagegen bedeuten. Sie können aber ein Indikator dafür sein, daß hier möglicherweise grundsätzlich etwas nicht stimmt.

Grundsätzlich zu fragen bedeutet, die begrifflichen Voraussetzungen zu prüfen, auf denen die Interpretation der genetischen Befunde beruht. Eine solche grundsätzliche Frage betrifft den in der Genetik verwendeten Begriff der «Information». Die DNA, so heißt es, enthalte die zum Aufbau der komplexeren Strukturen nötige «Information», die Gesamtheit der Erbinformationen, das Genom, gilt als «blueprint» der menschlichen Gestalt. Der zweifellos schlagende Erklärungsgehalt dieses Begriffs leitet sich allerdings aus der zwischenmenschlichen Kommunikation ab: Indem wir den Informationsbegriff gebrauchen, verbinden wir damit eine unter uns Menschen entstandene Funktionserfahrung: wir informieren uns oder lassen uns informieren, um beispielsweise etwas aufbauen zu können, zu dem wir zuvor nicht in der Lage waren. Information ist jedoch, wie leicht eingesehen werden kann, immer ein *reflexiver* Vorgang: jede Gebrauchsanweisung ist eine kommunikative Angelegenheit zwischen Autor und Adressat, die auf beiden Seiten eine bewußtseinsartige, verstehende Instanz voraussetzt. Ohne kummunikationsfähiges Gegenüber bleibt eine «Information» nur ein Haufen Buchstaben. Warum soll es sich damit auf der molekularen Ebene anders verhalten? Wer aber «liest» den «Code», wer versteht ihn, wer setzt ihn um? Ein solches Subjekt existiert auf genetischer Ebene offenbar nicht. Statt dessen wird der mit menschlicher Bewußtseinserfahrung gesättigte Begriff der «Information» als Funktion in Bereiche *hineingeträumt,* in die er den Tatsachen entsprechend nicht hineingehört, und verschleiert so die in Wirklichkeit verbleibenden Erklärungslücken.

Ähnlich verhält es sich im Falle der Interpretation der genetischen Befunde durch die *Relation von Ursache und Wirkung*. Wie leicht sind wir bereit, die Vielfalt des Menschlichen, die Differenziertheit von Charakteranlagen, Vorlieben, seelischen Neigungen bis hin zu bestimmten Fähigkeiten und Willensrichtungen auf eine Ebene der Biochemie zu reduzieren, auf der alles in der Mathematik von vier Basenpaaren codiert sein soll. Wie bei jeder Form des Reduktionismus steht man hier bald vor der Unmöglichkeit, eine jeweils vorliegende qualitative Wirklichkeit: die einer seelischen Grundstimmung wie Depressivität beispielsweise – allein auf die Kombinatorik der Erbsubstanz zurückzuführen. Natürlich bleibt als Argument aus genetischer Sicht immer der Gegenbeweis, daß das Fehlen bestimmter DNA-Stränge ja zum Ausbleiben bestimmter Eigenschaftsphänomene führe. Die *Funktionalität*, die inzwischen auch in der anderen Richtung durch den willkürlichen «Einbau» von Genen und dadurch hervorgerufene Eigenschaftsveränderungen erwiesen erscheint, wirkt hier als stärkster «Beweis» der *Realität*. Trotzdem sei noch einmal die Grundfrage formuliert: Stehen Gene und Eigenschaften in der Relation von Ursache und Wirkung? Und wie steht der bewußte Mensch in diesem Spannungsfeld, der sich im Vollzug der Genforschung selbst – wieder einmal – weitgehend aus dem Versuchsaufbau heraushält?

Die Erklärung aller Phänomene vom Einfachen zum Komplizierten, die Vorstellung, daß die Makroebene der Erscheinungen in einer Mikroebene ihre Ursache findet, übt eine gewaltige Suggestivkraft aus, weil sie unser Bedürfnis nach *Ursachenerklärung* auf eingängige Weise befriedigt. Und die einfachste Form einer Erklärung ist nun einmal die kausale Bewirkung des Großen und Komplexen aus dem Kleinen und Einfachen. So entstehen dann Erklärungen wie die, ein Organismus sei im wesentlichen nichts anderes als eine Proteinanhäufung, eine Kuh sei nichts anderes als eine Kartoffel, ein Affe nichts anderes als ein Mensch.

Alles, was dieser Simplifizierung widerspricht, gerät leicht in den Geruch bloßer Spekulation oder Metaphysik. Eine Alternative zum materialistischen Gen-Reduktionismus liegt jedoch in der Idee, die Rolle der Gene im Kontext der Gestaltentstehung nicht als deren Ursache anzusehen, sondern als *Bedingung*. Diese feine, aber fundamentale Unterscheidung ist auch den methodisch Umsichtigen unter den Wissenschaftlern wohl bewußt. Ein Fachbegriff, der im Rahmen einer komplexeren Betrachtung der Vererbung zunehmend fällt, ist der einer «nicht-linearen Dynamik». Schon in den 70er Jahren hat zum Beispiel der Biologe Phillipe Matile festgehalten, daß die mit der DNA zusammenhängenden Prozesse immer schon den lebendigen Organismus, mindestens den der Zelle, voraussetzen, die Reduktion auf die «letzte» Ebene der Erbsubstanz also nur ein *Modell* darstellt, das in dieser isolierten Form in Wirklichkeit nirgends existiert. Die Umgebung des lebendigen Organismus ist bei den Vererbungsvorgängen stets mit zu berücksichtigen. Der Göttinger Medizinprofessor Hansotto Reiber (vgl. Literaturhinweis am Ende des Kapitels) deutet den hier möglichen Paradigmenwechsel so an: «Es ist nicht das Genom, das durch die Entwicklung steuert, sondern im Rahmen eines als *Selbstorganisation* zu bezeichnenden Prozesses wird zu bestimmten Zeiten an bestimmten Orten das Genom funktionalisiert. Dieser sich abzeichnende Wechsel grundlegender Theorien ist so gravierend wie die Behauptung von Kopernikus, die Erde drehe sich um die Sonne.»

Auch der bereits genannte britische Biologe Brian Goodwin (vgl. Literaturhinweis) und mit ihm die Forschungsrichtung der «Komplexitätswissenschaften» spricht davon, daß der bisher beherrschenden gen-zentristischen Sichtweise eine *organozentrische* entgegengesetzt werden müsse. Als Vater dieser neuen Sicht nennt Goodwin *Goethe*. Für beide bedeutet der Organismus eine irreduzible Größe, deren Existenz immer schon vorausgesetzt werden muß, damit die Prozesse auf genetischer Ebene ablaufen können.

Wenn bereits bei einzelligen Organismen gilt, daß die Stufen des gestaltbildenden Lebens nicht aus der bloßen Chemie ableitbar sind, um wieviel mehr dann bei Tieren und Menschen. Vermutlich wird eine spätere Menschheit (bestenfalls) mit Schmunzeln auf eine Zeit zurückblicken, in der Nobelpreisträger die Vererbungsvorgänge bei Tieren und Menschen in einem Atemzug mit der Vermehrung von Bakterien erklärten. Wie bei der Zelle und höherentwickelten Lebewesen der Kontext des Organismus berücksichtigt werden muß, so beim Tier die Verhaltensfähigkeit und beim Menschen der Faktor seiner Individualität, seiner ichhaften Geistigkeit, die ihrem Wesen nach nichts Zusammengesetztes sein kann.

Gehen wir noch einmal von der Selbsterfahrung aus, dann können wir uns selbst, wie in einem früheren Abschnitt dargestellt wurde, als verkörperte Wesen vergegenwärtigen, bei denen in allen Dimensionen ihrer Existenz Geistiges mit physischen Verhältnissen korreliert. Dieses Korrelieren läßt sich noch näher als ein *gestaltendes Realisieren* bezeichnen: Wir *fühlen* beispielsweise mit Hilfe unseres «rhythmischen Systems», Atem- und Blutkreisläufe sind in unser emotionales Befinden eingebunden – ohne daß jedoch die Substanz der Emotionen von der physischen Ebene einfachhin «produziert» wäre. Wir *denken* mit Hilfe unseres Gehirns, indem uns in der Auseinandersetzung mit einer Leiblichkeit unser eigenes Geistiges bewußt wird. Das eigentlich Menschliche befindet sich, so gesehen, nicht exiliert in einer ihm fremden und äußeren Leiblichkeit, sondern es *entsteht* in der tätigen Auseinandersetzung mit ihr. Dieses fortwährende Entstehen ist dem Prozeß eines

Kunstwerks ähnlich. Bei einem Kunstwerk handelt es sich nicht um eine in Farbe und Form gegossene, vorgefertigte «Idee», sondern um einen Zustand, in dem Ideelles und Materielles eins geworden sind. Könnte nun nicht auch die Erbsubstanz in diesem Sinne eine Art «Material» bilden, an dem der Mensch seine «Farben», die Vielfältigkeit seines erscheinenden Wesens, erzeugt? Dies würde nicht gegen die unverzichtbare Bedingungshaftigkeit der DNA sprechen: ein Maler, dem man das Blau von der Palette nimmt, wird sich für den Himmel auf seinem Bild etwas einfallen lassen müssen. Wer nur Schwarz und Weiß aufgetragen hat, wird anderes zustande bringen als der, dem das Spektrum des Regenbogens zur Verfügung steht. Klar dürfte in jedem Falle sein, daß die bloße Kombinatorik als Erklärung nicht ausreicht, um von der biochemischen zur seelischen oder geistigen Ebene zu gelangen. Damit ist die zentrale Frage der Zukunft formuliert, wie die menschliche Individualität, die sich wiederverkörpernde Geistseele, mit der genetischen Ebene in Verbindung tritt. Ihre Beantwortung steht noch ganz in den Anfängen.

«Das Gehirn verursacht das Denken»

Noch ein dritter Bereich soll hier angesprochen werden, der das menschliche Selbstverständnis heute entscheidend prägt. Das alte «Erkenne dich selbst» der antiken Mysterien nimmt in unserer Zeit mehr und mehr die Gestalt der Laborforschung an. Die moderne Hirnforschung hat – mit besonderer Vehemenz seit den zur «Dekade des Gehirns» erklärten 90er Jahren des 20. Jahrhunderts – versucht, die Funktionsweise des Bewußtseins durch die Aufdeckung seiner neurobiologischen Grundlagen zu entschlüsseln. Auf einem Symposion zum 50jährigen Bestehen der Max-Planck-Gesellschaft im Jahr 1999 faßte der renommierte Hirnforscher Wolf Singer wesentliche Ergebnisse seines Arbeitsgebietes zusammen. Dabei erklärte er Presseberichten zufolge «das Ich-Bewußtsein – die Fähigkeit, über sich selbst und sein eigenes Handeln nachzudenken – für ein kulturelles Konstrukt, das direkter Beobachtung nicht zugänglich ist». Die Realität, die diesem Konstrukt zugrunde liege, spiele sich allein in einer Vielzahl neurobiologischer Prozesse ab. Die erfahrene Einheitlichkeit und Zentrierbarkeit der

Bewußtseinserlebnisse in einem ichhaften Zentrum wäre demnach nur eine Illusion. «Es denkt mich mein Gehirn», würde die konsequente Formulierung dieser Ansicht lauten. Und so spricht es Francis Crick in seinem Buch *Was die Seele wirklich ist* auch unumwunden aus: «Sie, Ihre Freuden und Leiden, Ihre Erinnerungen, Ihre Ziele, Ihr Sinn für Ihre eigene Identität und Willensfreiheit – bei alledem handelt es sich in Wirklichkeit nur um das Verhalten einer riesigen Ansammlung von Nervenzellen und dazugehörigen Molekülen.» Francis Crick behauptet sogar, das, was wir den freien Willen nennen, sei in einer bestimmten Hirnpartie, dem Sulcus cinguli, lokalisierbar. Oft wird bei solchen Aussagen gar nicht bemerkt, welchen Widerspruch es zu Idee und Anspruch der menschlichen Selbstbestimmung bedeutet, wenn in dieser Art das individuelle Bewußtsein, das ja die Grundlage für alles autonome Beurteilen und Entscheiden bildet, als ein Sekundärphänomen aus biologischen Prozessen abgeleitet werden soll.

Auch durch einen anderen Aspekt der Hirnforschung entsteht das, was wir weiter oben die Geringschätzung des Menschen genannt hatten. Was nämlich die Erklärung der Funktionsweisen des Bewußtseins angeht, hat sich in der Wissenschaft eine Mechanisierung des gesamten menschlichen Innenlebens nach Analogie der Computertechnologie durchgesetzt. Erinnerungsleistungen werden als Abspeichervorgänge interpretiert, das Zustandekommen von Wahrnehmungen und Sinneseindrücken wird mit rechnerischen Aufbauleistungen in der computergestützten Bildverarbeitung parallelisiert. Der amerikanische Philosoph Paul Churchland bringt eine gängige Anschauung auf den Punkt, wenn er in seinem Buch *Die Seelenmaschine* meint, erst in unserer Gegenwart ließen sich «mit überprüfbaren künstlichen Modellen und detaillierten neurobiologischen Daten Fragen angehen, die früher ausschließlich der Philosophie vorbehalten waren». «Geist ist nichts weiter als ein Produkt aus geistlosen, aber intelligent verschachtelten Programmen», zitiert das Magazin *Der Spiegel* in einer Sonderbeilage zur Welt des 21. Jahrhunderts den amerikanischen Computer-Guru Marvin Minsky. Die wissenschaftlich gebildete Menschheit hat sich derart auf weltanschaulicher Ebene längst selbst zum Computer erklärt, bevor ihr die Gefahr einer Herrschaft jener Technologie über das Leben in Art eines Orwellschen «Big Brother» bewußt wurde.

Auch auf diesem Gebiet zeigt sich die entscheidende «Lücke» in der Tatsache, daß sich Wissenschaftler wie Crick, Churchland oder Minsky in ihrem eigenen Verhalten aus dem Geschehen ausklammern. Denn die Begriffe, Theorien und Schlußfolgerungen, mit denen die Hirnforscher an ihre Experimente herangehen, sie einrichten und auswerten, sind ja das Primäre, mit dem sie zu tun haben: ein Denken also, das den (bis zum Zeitpunkt der eigenen Versuche) unbewußt gebliebenen Funktionen des Hirns entsprang. Der hier auftretende Riß in der scheinbar geschlossenen Kausalkette beruht auf der Unmöglichkeit, daß das unerklärte Bewußtsein seine Erkenntnisunternehmungen so einrichtet, als könnten sie ihm diese seine Bewußtheit erklären. Auch wenn die Hirnforschung zu immer genaueren Ergebnissen über die neuronalen Grundlagen des Bewußtseins gelangt, muß es doch – und zwar nicht aus Gründen eines etwa noch defizitären Forschungsstandes – durch reine Experimentalversuche immer ungeklärt bleiben, wie sich auch nur eine einzige logische Erklärung aus einem neuronalen Vorgang ergeben soll. Immer wird es das Denken sein, das die Hirnvorgänge erklärt, niemals können die Hirnvorgänge selbst das Denken erklären.

So verständlich die Kritik mancher Neurobiologen ist, die Philosophie befasse sich zu wenig mit den beim Denken ablaufenden Nervenvorgängen, so zutreffend ist doch auch die Tatsache, daß in keiner Publikation zum Thema Hirnforschung je Rechenschaft über die erkenntnistheoretischen Grundlagen dieser Forschung so abgelegt würde, daß zunächst eine Vergewisserung über das Phänomen des Denkens selbst stattfände, *bevor* sich dieses seinen neuronalen Grundlagen zuwendet. Der entscheidende methodische Mangel, der in der Verwendung eines unreflektierten Denkens zur Begriffsbildung über die biologischen Befunde des eigenen Hirns besteht, setzt sich deshalb unbemerkt fort. Wir wollen hier nicht in den umgekehrten Fehler verfallen und die Fülle an naturwissenschaftlichen Fakten, die über die Funktionsweise des Gehirns in den vergangenen Jahren zusammengetragen wurden, mit einer Handbewegung vom Tisch wischen. Wir wollen jedoch eine Perspektive aufwerfen, in der sich vielleicht das grundsätzliche Verhältnis von Geist und Gehirn noch einmal ganz anders darstellen kann. Ein Ausgangspunkt dafür ist die Frage, ob der sonst in der naturwissenschaftlichen Forschung leitende Begriff der Kausalwirkung im Falle des denkenden Geistes überhaupt weiterführt. Ist der übliche Begriff von Verursachung hier möglicherweise gar nicht anzuwenden und damit schon die Fragestellung an einer zentralen Stelle derart verzerrt, daß sie keine unbefangene Wahrnehmung mehr zuläßt? Dann wäre die Frage vielleicht nicht die, wie die biochemische Ebene das Denken verursacht, sondern die, wie das Denken als ein selbst-ursprüngliches Geistiges innerhalb des Physischen überhaupt *erscheinen* kann.

Die Vermutung, daß innerhalb des physisch-biologischen Gehirns etwas erscheint, das grundsätzlich anderer Natur ist als die ableitbare Kausalität des Sinnlichen, wird heute wohl auch deshalb meist gar nicht gestellt, weil es an entsprechender Tatsachenerfahrung fehlt und weil es schwer ist, den Begriff des «Geistes» überhaupt inhaltlich zu füllen. Gerade darauf kommt es hier aber an.

Gehen wir zur Verdeutlichung zunächst von der Polarität des Geistigen aus: Die Eigenart der Gestalten der physischen Dimension läßt sich darin fassen, daß jede Erscheinung dieses Gebietes durch etwas anderes ist. Eine physikalische Struktur wie etwa ein mineralisches Gebilde ist deshalb dadurch zu erklären, daß man nach ihren äußeren Ursachen in ihrer Umgebung sucht. Für geistige Phänomene ist dieses Vorgehen jedoch nicht hinreichend. Im Gegensatz zur physischen Welt besteht die Eigentümlichkeit geistiger Erscheinungen darin, nicht durch anderes, sondern *durch sich selbst* zu sein. Die Substanz des Geistigen, wie sie sich im Phänomen des Denkens faktisch manifestiert, zeigt sich tatsächlich als ein durch sich selbst Bestehendes: der elementare inhaltliche Zusammenhang von Ursache und Wirkung etwa ist unmittelbar aus dem jeweiligen Begriffsinhalt und dem gegenseitigen innerlichen Bezug einsichtig; jede anwendende Deutung eines äußerlich-empirischen Tatsachenfeldes, beispielsweise auch der Bezug von Hirnvorgängen (als Ursache angenommen) und mentalen Zuständen (als Wirkung verstanden), setzt die Funktion der Selbstbezüglichkeit gedachter Inhalte bereits voraus. Wir würden schlicht keine Beziehungen herstellen können, wenn es sie nicht in Gestalt der Begriffe gäbe. Wie das sein kann und ob die Begriffe deshalb in einer Art von seinsüberhobenem Zustand existieren, das wollen wir hier dahingestellt sein lassen. Wichtiger als eine metaphysische Deutung des Universaliencharakters der Begriffe ist es, dieses Phänomen überhaupt zu konstatieren. Die in der Wissenschaft nicht selten anzutreffende Meinung, logische Beziehungen entstünden durch Abbildung äußerlich wahrnehmbarer «Wirklichkeit», ist jedenfalls erkenntnistheoretisch gesehen Ausdruck eines «naiven Realismus».

Durch die zuvor angedeutete Vergewisserung über das Denken kann dagegen die geistige Dimension als ein überräumliches und überzeitliches Kontinuum verstehbar werden.

Wenn die im Gehirn zu beobachtenden organischen Prozesse nicht den Geist verursachen können, welche Rolle kommt ihnen dann zu? Eine alternative Sicht, das organische Geschehen innerhalb des Nervensystems zu deuten, wäre die, es nicht als kausalen Auslöser, sondern als einen bedingungshaften «Empfänger» des Geistes zu verstehen. Nervenvorgänge wären dann nicht geistproduzierende Lebensvorgänge, sondern – was durch manche Untersuchungen auch bestätigt wird – absterbende, Freiräume schaffende Prozesse. Durch die Koppelung an diese «anti-kausalen» Vorgänge wird das seinem Wesen nach leibunabhängige (überzeitliche und überräumliche) Denken an der Leiblichkeit «herabgelähmt» (Steiner in seinem Werk *Von Seelenrätseln*), das seinem Wesen nach «lebendige» Denken verfestigt sich zu den konturierten Vorstellungen, die unser Alltagsbewußtsein konstituieren. In der an Steiner anschließenden Erkenntniswissenschaft hat Herbert Witzenmann den gleichen Sachverhalt in die erhellende Gedankenfolge gebracht, daß der Mensch nicht mit, auch nicht ohne, sondern *gegen* sein Gehirn denkt. Dies ist aber nur innerhalb eines Organs möglich, das durch seine – wenn man so will – spezifisch «geistgemäße» Konstitution dies überhaupt ermöglicht. In welcher Weise Bau und Funktion des Gehirns bis in detaillierte physiologische Prozesse hinein in ihrer notwendigen Beziehung zu den mentalen Vorgängen zu deuten sind, dies zu zeigen wäre Aufgabe einer philosophisch-empirischen Hirnforschung, die heute allerdings kaum in den Anfängen vorhanden ist. Das Erleben des Denkens und die darin verankerte Erfahrung des «Ich bin» kann aber auch hier einen Ausgangspunkt für die schrittweise Umgestaltung der Reduktion des Menschen auf einen komplizierten Biocomputer bilden.

Die herrschenden Dogmen auf dem Gebiet der Evolutionstheorie, der Genetik und der Hirnforschung können so als Chance begriffen werden, den Menschen auf sein wahres Wesen aufmerksam zu machen. Diese Dogmen nehmen uns alles, was wir an liebgewordenen Vorstellungen über uns selbst an uns tragen – alles, außer dem Vermögen des Denkens. Die Kluft zwischen der radikalen Selbstentfremdung durch die Ergebnisse der Wissenschaft und die wiederzuentdeckende geistige Verwurzelung im Denken auszuhalten, gehört zum Ergreifen dieser Chance hinzu.

Zum Weiterlesen:

Brian Goodwin: Wie der Leopard seine Flecken verliert (1994). – Geistvolle Kritik des Darwinismus und der reduktionistischen Genetik.

Andreas Suchantke: Der ökologische Organismus, in: Suchantke (Hg.): Ökologie (1998). – Aufsätze im Umfeld ganzheitlichen biologischen Denkens.

Craig Holdrege: Der vergessene Kontext (1999). – Kritik der genzentrierten Biologie.

Jens Heisterkamp (Hg.): Geist und Gehirn. Beiträge zu einem monistischen Verständnis (1999). – Verschiedene Ansätze zur Entwicklung von Alternativen zum Reduktionismus des Bewußtseins auf materielle Prozesse.

Rosemarie und Michael Rist (Hg.): Biologischer Landbau statt Genmanipulation (1997). – Aufsätze zur Kritik der konventionellen genetischen Theorie.

Jaap van der Waal u. a.: Genmanipulation an Pflanze, Tier und Mensch (1994). – Fundierte Kritik am genetischen Reduktionismus von verschiedenen Wissenschaftlern.

9. Bereit für die «Wende»?

In den vorangegangenen Abschnitten wurde die These vertreten, daß wir – neben den parallel stattfindenden Prozessen einer weiteren Zuspitzung des Materialismus – Zeugen einer «spirituellen Wende» sein könnten, die in ihren wahren Ausmaßen noch gar nicht absehbar ist. Auf der einen Seite verkünden Vertreter der wissenschaftlich-technischen Entwicklung durchaus sendungsbewußt (und bei gleichzeitiger Verharmlosung der damit verbundenen Gefahren) das Ziel, die menschliche Evolution zu «verbessern». Auf der anderen Seite zeichnet sich ein wachsendes öffentliches Interesse an Spiritualität ab, das fast täglich, in vielen Begegnungen und bei jedem Blick in die Medien mit Händen zu greifen ist. Welchen Beitrag kann die Anthroposophie hier leisten?

Zwei Varianten, mit dieser Situation umzugehen, scheinen möglich, wobei hier die Einstellungen zum besseren Verständnis in etwas vereinfachter Form gegenübergestellt werden: Die erste Variante liegt darin, die bisher entwickelten Ausdrucksformen der Anthroposophie im Wesentlichen beizubehalten und als Alternative innerhalb der gegenwärtigen spirituellen Entwicklungen herauszustellen. Sie würde sich dementsprechend gegenüber dem übrigen «Angebot» an Spiritualität und Esoterik – etwa in der Medizin oder in der Literatur – eher abgrenzen und darauf setzen, als eigene Bewegung und mit eigenen Formen auf den verschiedensten Lebensgebieten entweder angenommen oder unter Verzicht auf eine größere Ausbreitung zunächst im Keimstadium weitergepflegt zu werden. Diese Sicht versteht Anthroposophie als ein wirkliches «Wesen» und sieht die auf Rudolf Steiner zurückgehenden idealtypischen Vorgaben als gegebenes und weiter zu realisierendes Werk, als *die* Anthroposophie, an deren sich verzweigender lebenspraktischer Ausbreitung es zu arbeiten gilt. Ein großer Teil der bestehenden anthroposophischen Einrichtungen, Schulen, medizinischen Initiativen oder Buchverlagen scheint dieser Einstellung zu folgen. – Eine andere Variante blickt dagegen nicht ausschließlich auf die zeitlich und intentional unmittelbar an Rudolf Steiner anknüpfenden Wirkungen. Für sie ist das Auftreten Rudolf Steiners die erste, in der Form personaler Verkörperung vollzogene, aber nicht die einzige Erscheinungsform von Anthroposophie. Sie begreift diese vielmehr als einen Einschlag in die Menschheitsentwicklung, der auch unabhängig von einer direkten Berührung mit den Impulsen Steiners in einzelnen Menschen, etwa in Gestalt neuer Fähigkeiten und Wertbildungen, auftritt. Für diese Anschauung müssen Anthroposophen nicht identisch sein mit Menschen, die Steiners Werk pflegen (oder überhaupt kennen). Anthroposophie ist für diese Auffassung ebenfalls ein Wesen, das aber als eine objektive Kulturtechnik überall auftreten kann. Für sie wäre es weniger wichtig, die Anthroposophie als ein linear auf Steiner zurückgehendes Eigengebilde zu vertreten, als vielmehr den Anschluß eines gewissen Teiles der real schon gebildeten anthroposophischen Bewegung an die fortschrittlichsten geistigen Impulse der Gegenwart zu suchen. Vermutlich gibt es beide Varianten jeweils nicht in «Reinkultur». Für beide würde aber gleichermaßen eine Besinnung darauf wichtig sein, unter welchen Bedingungen Anthroposophie in den aktuellen Diskussionen fruchtbar werden kann. Dazu sollen hier abschließend vier Thesen vorgebracht werden, die gleichzeitig noch einmal den Inhalt dieser Schrift programmatisch zusammenfassen.

1. Besinnung auf die kognitive Haltung

Anthroposophie ist ein Ansatz, die geistige Entwicklung des Menschen im Kosmos in einer wissenschaftlichen Haltung zu untersuchen und zu erläutern. Diese Betonung der Erkenntnis ist ihr eigentliches Kapital. Nur in dieser Grundhaltung kann sie aber auch in der heutigen Zeit ernst genommen werden. Die Anthroposophie, wie sie heute in Institutionen, Veranstaltungen und Schrifttum hervortritt, erscheint statt dessen oftmals noch zu sehr als Quasi-Religion oder als «Lehre». Das hat auch historische Gründe. Rudolf Steiners Anknüpfen an die Theosophische Gesellschaft kurz nach der letzten Jahrhundertwende war eine Notlösung, um überhaupt einen Wurzelgrund für seinen Impuls zu haben. Nach seinem Tod hat aber die durch Gruppengeist und Dogmatismus bestimmte theosophische Stilistik innerhalb anthroposophischer Kreise mehr an Boden gewonnen, als einem modernen, offenen gesellschaftlichen Faktor zuträglich sein kann. Theosophisches Gebaren in Wortwahl und Verhalten, im sozialen Verhalten und Ästhetik wirkte schon im 20. Jahrhundert antiquiert. Wird es dagegen gelingen, die kognitive Ausrichtung zu einem prägenden Grundzug in der anthroposophischen Bewegung zu machen? Erkenntnisgesinnung anstelle von «Andachtsstimmung» könnte ein Motto der kommenden Jahre werden, das nicht allein dem wissenschaftlichen Leben im engeren Sinne, sondern auch künstlerischen und sozialen Vorhaben gelten müßte.

Hilfreich wäre es, wenn dabei der Unterschied von Glauben oder Für-wahr-Halten einerseits und Wissen andererseits bewußter gehandhabt würde. Wie steht es aber mit dem eigenen, selbständigen Zugang zu geistiger Erfahrung? Hier könnte beispielsweise eine Intensivierung der Bemühungen durch die verstärkte Zuwendung zu dem geschehen, was in dieser Schrift als Übergangsbereich von Denken und Meditation geschildert wurde. Hier sind für jeden Einzelnen im Umfeld eigener seelischer Beobachtungen elementare Erfahrungen des Geistigen möglich. Und das Zitieren Rudolf Steiners? Das wird noch viel stärker als bisher als ein Ausdruck von Psychogruppen-Mentalität verstanden werden.

2. *Volle Wendung zur Öffentlichkeit*

Damit zusammen hängt der zweite Punkt: «Insider»-Verhalten und «Insider»-Sprechen überzeugt niemanden mehr. Nicht erst die spezifische Terminologie, die um so barrierenhafter wirkt, je mehr sie einfach vorausgesetzt wird («wir in der Anthroposophie sprechen da von Ätherleib »), schon die Tatsache der Existenz einer speziellen Anthroposophischen Gesellschaft mit ihren zahlreichen Gewohnheiten und Eigensphären hat heute die problematische Seite, daß sie nach innen ein Gruppengefühl immer neu generiert und nach außen hin abgeschlossen wirkt. Außerdem haben Außenstehende oft den Eindruck, von Anthroposophen die Überzeugung ausgehen zu spüren, der Zeit voraus zu sein, wenn es um die praktizierten Lebensformen geht. Demokratische Prozesse, die Bedeutung der Menschenrechte oder rechtlicher Vereinbarungen überhaupt halten beispielsweise manche Anthroposophen für überflüssig, weil sie selbst sich schon beim «allgemeinen Menschentum» und beim «wahren Individualismus» angelangt sehen. Wird hier aber nicht der zweite Schritt vor dem ersten gemacht? Hängt nicht manches innerhalb des anthroposophischen Soziallebens hinter dem, was sonst in Organisationen der Zivilgesellschaft bereits «Standard» ist, noch zurück? Transparente Sozialgestaltungen, offene Meinungsbildungen oder gar demokratische Abstimmungsvorgänge werden furchtsam gemieden, Kontroversen als Störungen betrachtet. Über Konflikte oder überhaupt Probleme erfährt man eher etwas aus den unabhängigen Medien als von den betroffenen Institutionen selbst. Statt dessen taucht man soziale Abläufe gern in die Stimmung eines «freundschaftlichen» Verhaltens (gern auch als «Ringen» bezeichnet), wobei die realen Entscheidungen zumeist doch in hierarchischen oder einfach gewohnheitsgetragenen Formen getroffen werden. Hohe Ideale und lebbare soziale Technik klaffen nicht selten weit auseinander. Fazit: Erst wer gelernt hat, sich in den individualistisch angemessenen Formen unserer Zeit zu bewegen und auszudrücken, wird diese Formen in spiritueller Richtung weiterentwickeln können.

3. Interesse und Toleranz gegenüber anderen geistigen Strömungen

Anthroposophie ist nicht zuletzt ein Hilfsmittel, die geistigen Vorgänge der Gegenwart besser zu verstehen. Auf dieser Grundlage ist ein Dialog mit anderen, verwandten, konkurrenzierenden, aber auch mit entgegengesetzten geistigen Strömungen unentbehrlich. Eine dialogische Grundhaltung wird dabei mehr fragen als urteilen, sie wird auch im Urteil den anderen noch gelten lassen und sich vor allem durch das Vertrauen darauf auszeichnen, daß der Geist wirklich dort weht, wo er will, und sich nicht an weltanschauliche Grenzziehungen hält. Natürlich muß in einer Zeit, wo jeder Film- oder Popstar seine spirituellen Erfahrungen vorweist, die Spreu vom Weizen getrennt werden (aber eben auch bei Popstars). Fatal wäre jedoch die Annahme, daß es außerhalb der anthroposophischen Bahnen erst gar keinen Weizen geben könne.

Insbesondere ist Vorsicht angebracht, aus theoretischer Kenntnis der Werke Steiners festzuschreiben, wie «richtige» spirituelle Erfahrung auszusehen habe. Aus solchen Richtlinien, die im Kern etwas Richtiges haben mögen, werden allzuleicht quasi-zensorische Kriterien, die in ihrer Allgemeinheit zudem wenig wert sind. Die mit Hilfe von Steiners Übersicht gewonnenen Wissensvorsprünge sollten nicht dazu verwendet werden, den gleichen Fehler zu begehen wie die katholische Kirche, die nämlich die Offenbarung nach der Bibel für beendet erklärt und sich auf die Auslegung der Schrift beschränkt hat. Sie hat sich dadurch selbst mit für jeden sichtbaren Folgen vom lebendigen geistigen Fortschritt abgekoppelt. Wir leben in einer an «Offenbarungen» gar nicht armen Zeit. Vielleicht liegt es auch an der eigenen Wahrnehmung, wenn man das anders empfindet?

4. Anfangen im Hier und Jetzt

Die Auseinandersetzung mit der Anthroposophie ist oftmals von einer gewissen Unverbindlichkeit geprägt, einem Auseinanderklaffen von Wissen (beziehungsweise Reden) und Realität. Daß dieser Widerspruch zunächst da ist, gehört in gewisser Weise sogar mit Notwendigkeit zu der Stimmung der Freiheitlichkeit, mit der Spiritualität heute ergriffen sein will. Überall da aber, wo es gelingt, die Scheu zu überwinden, Erkenntnisse anzuwenden und für sich selbst umzusetzen, wird diese Kluft überwunden. Hier liegt oft ein – zunächst ganz allgemein menschlicher – «blinder Fleck» verborgen. So merkwürdig es klingen mag: Man kann sich über Jahre mit Steiners Schilderungen des menschlichen Entwicklungsweges beschäftigen, ohne zu bemerken, daß man selbst gemeint ist! Man kann ganze Äonen von «Arbeitskreisen» zu den Themen «Schulungsweg» oder «Gemeinschaftsbildung» verbringen, ohne auch nur einen Schritt weiter in Fragen der persönlichen Charakterentwicklung oder konstruktiver sozialer Techniken zu tun. Man sieht bei allem «Wissen» um die tieferen Rätsel des Daseins die nächstliegenden Aufgabenstellungen nicht: die *eigenen Probleme und Entwicklungsschwierigkeiten*. Was zu Beginn dieser Schrift gerade als moderne Qualität charakterisiert wurde: die generalisierbare Darstellung und die wissenschaftliche Distanz im Umgang mit geistiger Erfahrung, kann im

Extrem zu einer leblosen Theoretisierung des Geistigen führen, das nur noch als Lehrinhalt aufgefaßt wird.

Dabei fehlt es nicht an Übungsstoff für konkrete «Experimente». Denn jeder von uns ist als Zeitgenosse – ob er will oder nicht – in Prozesse einbezogen, die in sich eine spirituelle Qualität veranlagt enthalten: ob als Konsumenten oder Unternehmer im Wirtschaftsleben, als Beschäftigter in Arbeitszusammenhängen, als Pädagoge in Kollegien, als Patient im Gesundheitswesen, als Bürger in selbst organisierten Netzwerken, als Eltern von Kindern, als Partner in Beziehungen mit ihren zeittypischen Entwicklungsschwierigkeiten – überall finden wir unter der Oberfläche der Tatsachen und Probleme spirituelle Dimensionen veranlagt, die darauf warten, erkannt und freigelegt zu werden. Viel fruchtbarer, als allzu oft von den Perspektiven für die wünschenswerte «Zukunft» zu reden, ist es, die Veränderungsmöglichkeiten bewußt im Hier und Jetzt aufzusuchen. Nur muß dazu der Mut und die Konsequenz aufgebracht werden, sich (und seine Mitmenschen) auch mit der geistigen Dimension des Alltags zu konfrontieren. Denn Anthroposophie ist nicht zuletzt eine persönliche Gestaltungschance, ein Instrumentarium, *mich selbst* im Rahmen einer allumfassenden Entwicklung zu positionieren und in diesem größten Kontext die nächsten, wichtigen Schritte für mich und meine Umwelt zu setzen.

Sachregister

Personenregister